중국어, 영어, 원리 한자까지 한 권으로 정복!

하오빠

멀티 중국어

권준모 · 왕씬잉 공저

시사중국어사

저자

권준모 權埈模

공주대학교 교육대학원 중국어교육학과
중국 천진 남개대학교 대외중국어과

현 서울 삼육초등학교 중국어 리더 강사
전 태강 삼육초등학교 중국어 주임 강사
전 서울 현대직업전문학교 중국어 강사
전 동성 삼육중학교 중국어 강사
전 SDA 외국어학원 중국어 강사
전 에듀스타 한자 구구단 원리 한자 강남본부 교육실장
전 문화센터 한자 지도 강사
전 중국 천진대학교 사회교육원 한국어 지도 강사

왕씬잉 王馨莹 Wáng Xīnyíng

중국 대련외국어대학교 대학원 한국어학과 한중통번역 전공
중국 대련외국어대학교 한국어과

현 서울 사립초등학교 중국어 강사
전 신정초등학교 중국어 강사
전 박문여고 중국어 강사
전 인천대학교 공자아카데미 중국어 강사
전 강남구 여성능력개발센터 중국어 강사
전 인천 지방경찰청 중국어 강사

＊국제 중국어교사 자격증 보유

멀티 중국어

초판인쇄	2021년 1월 20일
초판발행	2021년 2월 10일
저자	권준모, 왕씬잉
책임 편집	최미진, 가석빈, 高霞
펴낸이	엄태상
디자인	이건화
조판	이서영
콘텐츠 제작	김선웅, 김현이, 김담이
마케팅	이승욱, 전한나, 왕성석, 노원준, 조인선, 조성민
경영기획	마정인, 조성근, 최성훈, 정다운, 김다미, 오희연
물류	정종진, 윤덕현, 양희은, 신승진
펴낸곳	시사중국어사(시사북스)
주소	서울시 종로구 자하문로 300 시사빌딩
주문 및 교재 문의	1588-1582
팩스	(02)3671-0500
홈페이지	http://www.sisabooks.com
이메일	book_chinese@sisadream.com
등록일자	1988년 2월 13일
등록번호	제1 - 657호

ISBN 979-11-5720-170-9 (13720)

머리말

오늘날 글로벌(Global) 시대의 사회에서는 영어는 물론, G2(Group of 2: 세계 경제에 막대한 영향력을 행사하는 두 나라) 신흥 강국인 중국을 이해하고 중국어 능력을 겸비한 멀티 인재 (Multi-人材)를 점점 더 요구하고 있습니다. 이에 따라 초등학교 교육과정에서부터 교과 수업 또는 방과 후 학교를 통하여 중국어 교육을 점차 확대해 나가고 있으며, 그에 발맞추어 초등 학생 눈높이에 맞는 다양한 어린이 중국어 교재가 제작되고 있습니다. 그럼에도 불구하고 아 쉬운 점이 있다면, 초등학교 중국어 학습 과정의 마지막 단계에서 학생들에게 중국어에 대한 흥미와 자신감을 높여 주고, 중화권으로의 가족여행 시 보다 가시(可視)적인 학습 효과를 확 실하게 보여줄 수 있는 맞춤식 교재가 부족하다는 것입니다. 또한 우리말 어휘의 상당수가 한 자로 되어 있다는 점에서, 보다 쉽게 한자를 이해하고 익힐 수 있는 원리 한자의 기초가 되는 부수 한자에 대한 중요성을 학생들에게 가르쳐 주고 부수 원리한자 학습도 함께 병행하면 좋 겠다는 생각이 학교 현장에서 가르치면 가르칠수록 점점 깊어져서 마침내 이 책을 집필하게 되었습니다.

본 교재는 초등학교 중국어과정의 마지막 학습단계와 중학교 실용중국어 과정에서 보다 가 시적인 효과를 거둘 수 있도록 포커스(focus)를 맞춘 교재입니다. 또한 중화권 여행을 위해 실 용적인 여행 중국어를 배우고자 하는 분들에게도 유용한 교재로 중국어뿐만 아니라 영어해 석과 간체자/번체자비교 및 부수원리한자까지 추가하여 학습자의 학습 목표와 방향에 따라 보다 다양하게 선택하여 학습할 수 있도록 구성한 멀티(Multi) 중국어 교재입니다.

이 책이 나오기까지 도움을 주시고 수고해주신 모든 분들께 진심으로 감사드립니다. 특별히 교재를 집필하는 과정에서 힘들 때마다 항상 응원해주고 든든한 버팀목이 되어준 사랑하는 딸과 아내에게 이 책을 바칩니다.

주 저자(主著者) 권준모

이 책의 구성

❶ 학습 목표 및 주요 단어

각 과에서 도달하고자 하는 목표와, 학습하게
될 주요 단어를 미리 확인해 보며 본문에 더욱
쉽게 다가갈 수 있습니다.

❷ 상황 회화

중국으로 여행을 떠난 주인공 보배가 겪게 되는
다양한 상황을 바탕으로 활용도 높은 회화를
습득할 수 있습니다.

❸ Dialogue

상황 회화 내용을 병음 없이 읽는 연습과 영어를
통한 중국어 학습까지 가능하도록 중국어와
영어 본문으로 구성했습니다.

❹ Upgrade 활동

교체 연습, 역할 연습, 이해
하기, 골든벨 퀴즈 등 체계
적이고 다양한 활동을 통해
자신의 실력을 더욱
업그레이드 할 수 있습니다.

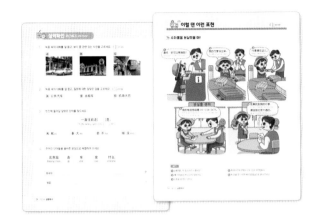

❺ 실력확인 & 이럴 땐 이런 표현

실력확인에서 新HSK 상황회화 내용을 다시 떠올려 보며 한 번 더 기억할 수 있도록 하였습니다.
또한 新HSK(중국어능력시험) 문제 유형의 듣기와 독해 테스트를 통해 자신의 실력을 점검할 수 있습니다.

❻ 간체자 쓰기 & 원리로 보는 한자

각 과에서 배운 주요 단어를 획순에 따라 써보고, 어떤 원리로 이루어진 한자인지 풀이를 보며 더욱 깊이 있게 접근할 수 있습니다.

❼ 복습

상황회화 내용을 다시 떠올려 보며 한 번 더 기억할 수 있도록 하였습니다.
또한 新HSK(중국어능력시험) 문제 유형의 듣기와 독해 테스트를 통해 자신의 실력을 점검할 수 있습니다.

  이 책의 주인공

보배(宝贝 Bǎobèi)

부모님과 함께 중국으로 여행 온 13살 보배!
중국에 여행 갈 때 꼭 필요한 표현을 보배와 재미있게 배워 봐요!

차례

학습 내용

단원	주제	상황 회화	핵심 표현	이럴 땐 이런 표현
Pre-Study		중국어 발음 정리 / 수업 용어 / 기본 어휘 / 중국어 자기소개 / 프리토킹 연습		
제1과	공항에서	– 공항 인포메이션센터에서 – 공항버스 매표소에서	• 请问……在哪儿? 실례지만 ~은 어디에 있나요?	수화물을 분실했을 때!
제2과	대중교통 이용하기	– 택시 탈 때 – 지하철 탈 때	• 去……。 ~에 가요.	버스를 탈 때!
제3과	길 묻기	– 호텔을 찾을 때 – 식당을 찾을 때	• 请问……怎么走? 실례지만 ~은 어떻게 가나요?	화장실 이용하기!
제4과	음식 주문하기	– 식당에서 – 패스트푸드점에서	• 我要……。 ~ 주세요.	카페에서 주문하기!
제5과	복습1	제1~4과 상황 회화 복습 / 중국어 실력 점검 TEST 1회 / 의미별 핵심 부수자		
제6과	물건 사기	– 상점에서 가격 묻고 흥정하기	• ……多少钱? ~은 얼마인가요? • 请问，……在哪儿? 실례지만 ~은 어디에 있나요?	환불 요청하기!
제7과	호텔에서	– 체크인, 체크아웃할 때	• ……坏了。 ~은 고장 났어요. • 我要(一个)……。 ~ (하나) 주세요.	객실에 문제가 발생했을 때!
제8과	전화 걸기	– 전화로 식당 예약하기	• 可以……吗? ~할 수 있나요? • 已经……好了。 이미 (다) ~했어요.	휴대전화를 분실했을 때!
제9과	도움 요청하기	– 여권을 잃어버렸을 때	• 我的……丢了。 나의 ~을 잃어버렸어요. • 你有……吗? 당신은 ~을 (가지고) 있나요?	누군가에게 도움을 요청할 때!
제10과	복습2	제6~9과 상황 회화 복습 / 중국어 실력 점검 TEST 2회 / 원리 한자 부수자 214자		

Pre-Study! 중국어 발음 정리

1. 운모(韵母 yùnmǔ) - 모음 🔊 00-01

	발음1	발음2	주의	예	단독형태
a	아			ba, ta ai, an, ang	a
o	오~어	오	다른 모음과 함께 쓰일 때 '오' 발음	bo, po ao, ou, ong	o
e	으~어	에	i 또는 ü 모음과 함께 쓰일 때 '에' 발음	en, eng, er dei, bie, lüe	e
i	이	으	z, c, s, zh, ch, sh, r 뒤에 쓰일 때 '으' 발음 맨 앞에 쓰일 때 'y'로 표기	in(yin), ing(ying) xi, si, ia(ya)	yi
u	우		맨 앞에 쓰일 때 'w'로 표기	ua, uo, uei wa, wo, wei	wu
ü	위 (입술 고정)		j, q, x 뒤에 쓰일 때는 ü가 u로 바뀌어 표기 (ju, qu, xu)	nü, lü jue, que, xue	yu

2. 성모(声母 shēngmǔ) - 자음 🔊 00-02

b	**p**	**m**	**f**	**bo po mo fo**
(ㅃ)	(ㅍ)	(ㅁ)	영어 f 발음	
d	**t**	**n**	**l**	**de te ne le**
(ㄸ)	(ㅌ)	(ㄴ)	(ㄹ)	
g	**k**	**h**		**ge ke he**
(ㄲ)	(ㅋ)	(ㅎ)		
j	**q**	**x**		**ji qi xi** + 'ï' = '으' 발음
(ㅉ / ㅈ)	(ㅊ)	(ㅆ / ㅅ)		

z	c	s		zi ci si
(ㅉ)	(ㅊ)	(ㅆ)		+ 'i' = '으' 발음
zh	ch	sh	r	zhi chi shi ri
권설(捲舌)ㅉ	권설(捲舌)ㅊ	권설(捲舌)ㅆ	권설(捲舌)ㄹ	+ 'i' = '으' 발음

3. 주의해야 할 발음(需要注意的发音 xūyào zhùyìde fāyīn) 🔊 00-03

① 'e'가 'i' 또는 'ü(= yu)'와 결합할 때 '에' 발음으로 바뀜
   💧 dei, bie, lüe, yue

② 'ü'가 'j', 'q', 'x'와 결합하면 'ju', 'qu', 'xu' 형태로 바뀌며, 이때는 'u(우)' 발음이 아닌 'ü' 발음임을 주의하자.
   💧 qu, xue, jue

③ 'an(안)'이 'i' 또는 'ü(= yu)'와 결합할 때 '옌' 발음으로 바뀜
   💧 yan, tian, yuan, juan, quan, xuan

④ 'iou' 발음은 'iu'로 표기, 'uei' 발음은 'ui'로 표기, 'uen' 발음은 'un'로 표기함
   💧 xiu, dui, tun

4. 틀리기 쉬운 발음 연습(易错发音练习 yìcuò fāyīn liànxí) 🔊 00-04

＊ 녹음을 듣고 큰소리로 따라 읽으세요.

① bié de	duì bu qǐ	zì jǐ	xiū xi	tiān qì
② jú zi	yǎn jīng	yuán àn	qié zǐ	zài jiàn
③ wà zi	wài biān	wǎn shàng	wáng zǐ	
④ yīn tiān	yī zhí	yīqǐ	yàng zǐ	
⑤ wū yā	qún zǐ	wén zì		

5. 성조(声调 shēngdiào)　🔊 00-05

4개의 성조와 경성으로 구성되어 있음

🔹 1성(ー), 2성(／), 3성(∨), 4성(＼),
　경성(·)

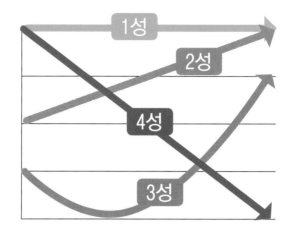

6. 성조의 변화(声调变化 shēngdiào biànhuà)　🔊 00-06

① 3성 + 3성 → 2성 + 3성　예 hěn hǎo

② 3성 + 1, 2, 4, 경성 → 반3성 + 1, 2, 4, 경성
　예 lǎo shī, cǎo méi, kě ài, nǎi nai

③ 不(4성) + 4성 → 不(2성) + 4성　예 bù shì

④ ー(1성) + 4성 → ー(2성) + 4성　예 yī kuài, yī ge

⑤ ー(1성) + 1, 2, 3성 → ー(4성) + 1, 2, 3성　예 yī qiān, yī zhí, yī qǐ

Pre-Study!

1. 수업 용어 🔊 00-07

	중국어	병음	뜻
1	上课。	Shàng kè.	수업 시작합니다.
2	今天就上到这儿。	Jīntiān jiù shàngdào zhèr.	오늘 여기까지 수업하겠습니다.
3	下课。	Xià kè.	수업 마치겠습니다.
4	请安静。	Qǐng ānjìng.	조용히 해 주세요.
5	看老师。	Kàn lǎoshī.	선생님을 보세요.
6	你来说。	Nǐ lái shuō.	발표해 주세요. / 말해 주세요.
7	读一读。	Dú yi dú.	한번 읽어 보세요.
8	站起来。	Zhànqǐlái.	일어서 주세요.
9	请坐。	Qǐng zuò.	앉으세요.
10	打开书第……页。	Dǎkāi shū dì …… yè.	교재 ~쪽 펼쳐 주세요.
11	跟我读。	Gēn wǒ dú.	저를 따라 읽어 주세요.
12	大声读。	Dàshēng dú.	큰소리로 읽어 주세요.
13	老师，我有问题。	Lǎoshī, wǒ yǒu wèntí.	선생님, 질문 있습니다.
14	请再说一遍。	Qǐng zài shuō yí biàn.	다시 한 번만 더 말씀해 주세요.
15	我不知道什么意思。	Wǒ bù zhīdào shénme yìsi.	무슨 뜻인지 잘 모르겠어요.
16	"……"汉语怎么说?	'……' Hànyǔ zěnme shuō?	'~'은 중국어로 어떻게 말해요?
17	大家 [写/背] 完了吗?	Dàjiā [xiě/bèi]wán le ma?	여러분, 다 썼나요 / 외웠나요?
18	[写/背] 完了。	[Xiě/Bèi]wán le.	다 썼어요 / 외웠어요.
19	没 [写/背] 完。	Méi [xiě/bèi]wán.	아직 다 못 썼어요 / 외웠어요.
20	请回答。	Qǐng huídá.	질문에 답해 주세요.
21	现在开始练习。	Xiànzài kāishǐ liànxí.	지금 연습 시작하겠습니다.
22	两个人一组练习。	Liǎng ge rén yì zǔ liànxí.	두 사람씩 짝지어 연습합니다.
23	男同学读A，女同学读B。	Nán tóngxué dú A, nǚ tóngxué dú B.	남학생은 A, 여학생은 B를 읽어 주세요.

2. 기본 어휘 🔊 00-08

	중국어	병음	한글 뜻과 영어 뜻	
의문사	谁	shéi	누구 / 누가	who
	什么	shénme	무엇 / 무슨	what
	什么时候	shénme shíhou	언제	when
	哪儿 / 哪里	nǎr / nǎlǐ	어디	where
	为什么	wèi shénme	왜	why
	怎么	zěnme	어떻게	how
	多少	duōshao	얼마	how many / much
	几	jǐ	몇	how many / much
	怎么样	zěnmeyàng	어때요	how about
	哪	nǎ	어느	which
	……吗	…… ma	~입니까	
긍정 / 부정 대답	对	duì	맞아요	right
	不对	bú duì	틀려요	wrong
	是	shì	네	yes
	不是	bú shì	아니요	no
	好	hǎo	좋아요	ok
	不行 / 不可以	bù xíng / bù kěyǐ	안 돼요	no way
	要	yào	원해요	want
	不要	bú yào	싫어요	don't want
	能	néng	할 수 있어요	can
	不能	bù néng	못 해요	can not
	有	yǒu	있어요	have
	没有	méiyǒu	없어요	don't have

3. 동사의 변화(动词的时态变化 dòngcí de shítài biànhuà) 🔊 00-09

	구분	한자/병음	뜻	예문/병음/뜻
시제	현재/미래	吃 chī	먹다 먹을 것이다	你吃什么? Nǐ chī shénme? 당신은 무엇을 먹나요? 你明天晚上吃什么? Nǐ míngtiān wǎnshang chī shénme? 당신은 내일 저녁에 무엇을 먹을 건가요?
		不吃 bù chī	안 먹는다 안 먹을 것이다	我不吃。 Wǒ bù chī. 저는 안 먹어요. 我今天不吃饭。 Wǒ jīntiān bù chīfàn. 저는 오늘 밥을 안 먹을 거예요.
	과거	吃了 chī le	먹었다	你吃了吗? Nǐ chī le ma? 당신은 먹었나요?
		没吃 méi chī	안 먹었다	我没吃早饭。 Wǒ méi chī zǎofàn. 저는 아침 안 먹었어요.
경험	긍정	吃过 chī guo	먹어 본 적이 있다	我吃过中国菜。 Wǒ chī guò zhōngguó cài. 저는 중국음식을 먹어 봤어요.
	부정	没吃过 méi chī guo	먹어 본 적이 없다	我没吃过中国菜。 Wǒ méi chī guò zhōngguó cài. 저는 중국음식을 먹어 본 적이 없어요.

想 ~하고 싶다	想吃 xiǎng chī	먹고 싶다	我想吃这个。 Wǒ xiǎng chī zhège. 저는 이것을 먹고 싶어요.
要 ~원하다	要吃 yào chī	먹고 싶다 먹어야 한다	你要吃什么? Nǐ yào chī shénme? 당신은 무엇을 먹고 싶어요? 我要吃药。 Wǒ yào chī yào. 저는 약을 먹어야 해요.
会 ~할 줄 안다 (학습)	会吃 huì chī	먹을 줄 안다	你会吃臭豆腐吗? Nǐ huì chī chòudòufǔ ma? 당신은 처우떠우푸를 먹을 줄 아나요?
조동사	能 ~할 수 있다 (능력)	能吃 néng chī	먹을 수 있다	你能吃两个吗? Nǐ néng chī liǎng ge ma? 당신은 두 개를 먹을 수 있나요?
可以 ~해도 된다	可以吃 kěyǐ chī	먹어도 된다	我可以吃吗? Wǒ kěyǐ chī ma? 제가 먹어도 될까요?
得 (반드시) ~해야 한다	得吃 děi chī	먹어야 한다	我得吃药。 Wǒ děi chī yào. 저는 약을 먹어야 해요.
该 (상황상) ~해야 한다	该吃 gāi chī	먹어야 한다	你该吃饭了。 Nǐ gāi chīfàn le. 당신은 밥을 먹어야 해요.
应该 (당연히) ~해야 한다	应该吃 yīnggāi chī	먹어야 한다	我们应该吃健康的食物。 Wǒmen yīnggāi chī jiànkāng de shíwù. 우리는 건강한 것을 먹어야 해요.

조동사	不用 ~할 필요 없다	不用吃 bú yòng chī	먹을 필요 없다	你不用吃不好吃的。 Nǐ bú yòng chī bù hǎochī de. 당신은 맛없는 것은 먹을 필요 없어요.
	不想 ~하고 싶지 않다	不想吃 bù xiǎng chī	먹고 싶지 않다	我不想吃那个。 Wǒ bù xiǎng chī nàge. 저는 저것을 먹고 싶지 않아요.
명령	동사 원형	吃	먹어	快点儿吃。 kuài diǎnr chī. 빨리 먹어(요).
	不要 ~하지 마라	不要吃 bú yào chī	먹지 마	不要吃我的。 Bú yào chī wǒ de. 제 것은 먹지 마세요.
	别 ~하지 마라	别吃 bié chī	먹지 마	别吃这个。 Bié chī zhège. 이거 먹지 마세요.

TIP

★ 기본 숫자

0	1	2	3	4	5	6	7	8	9	10	100	1000	10000
零 líng	一 yī	二 èr	三 sān	四 sì	五 wǔ	六 liù	七 qī	八 bā	九 jiǔ	十 shí	百 bǎi	千 qiān	万 wàn

4. 중국어 자기소개 🔊 00-10

大家好。
Dàjiā hǎo.
여러분, 안녕하세요.

我叫宝贝。
Wǒ jiào Bǎobèi.
제 이름은 보배라고 해요.

我是韩国人。
Wǒ shì Hánguórén.
저는 한국인입니다.

我今年十三岁。
Wǒ jīnnián shísān suì.
올해 13살이에요.

我家有三口人。
Wǒ jiā yǒu sān kǒu rén.
제 가족은 세 식구예요.

我住在首尔。
Wǒ zhùzài Shǒu'ěr.
저는 서울에 살고 있습니다.

认识你们很高兴。
Rènshi nǐmen hěn gāoxìng.
여러분을 알게 되어 매우 반가워요.

谢谢。
Xièxie.
감사합니다.

TIP

★ **爷爷、奶奶、爸爸、妈妈、哥哥、姐姐、弟弟、妹妹和我。**
Yéye、nǎinai、bàba、māma、gēge、jiějie、dìdi、mèimei hé wǒ.
할아버지, 할머니, 아버지, 어머니, 오빠(형), 언니(누나), 남동생여동생 그리고 저입니다.

★ **我是首尔小学六年级的学生。** 저는 서울초등학교 6학년 학생이에요.
Wǒ shì Shǒu'ěr xiǎoxué liù niánjí de xuéshēng.
(初中 chūzhōng 중학교 / 高中 gāozhōng 고등학교 /大学 dàxué 대학)

Pre-Study!

+ 자기소개 연습

앞에서 배운 중국어 자기소개 내용 중 밑줄 친 부분은 여러분의 상황에 맞게 바꾸어서 중국어로 말해 보고, 영어로도 바꾸어 연습해 보세요!

여러분, 안녕하세요.
Hello, everyone.

제 이름은 보배라고 해요.
My name is Baobei.

저는 한국인입니다.
I'm Korean.

저는 올해 13살이에요.
I'm thirteen years old.

제 가족은 세 식구예요.
There are three members in my family.

저는 서울에 살고 있습니다.
I live in Seoul.

여러분을 알게 되어 매우 반가워요.
Nice to meet you.

감사합니다.
Thank you.

17

5. 중국인과의 첫 만남 - 프리토킹 연습(初次见面用语 chūcì jiànmiàn yòngyǔ) 00-11

A: 你好。
Nǐ hǎo.

A: 안녕하세요.

B: 你好。
Nǐ hǎo.

B: 안녕하세요.

A: 你叫什么名字?
Nǐ jiào shénme míngzi?

A: 이름이 뭐예요?

B: 我叫(宝贝)。
Wǒ jiào (Bǎobèi).

B: 저는 (보배)라고 해요.

A: 你是哪国人?
Nǐ shì nǎ guó rén?

A: 어느 나라 사람이에요?

B: 我是韩国人。
Wǒ shì Hánguórén.

B: 저는 한국인이에요.

A: 你(今年)多大?
nǐ (jīnnián) duōdà?

A: (올해) 나이가 어떻게 되나요?

B: 我(今年)13岁。
Wǒ (jīnnián) shísān suì.

B: 13살이에요.

A: 你住在哪儿?
Nǐ zhùzài nǎr?

A: 어디에 살고 있나요?

B: 我住在首尔。
Wǒ zhùzài Shǒu'ěr.

B: 서울에 살고 있어요.

A: 你家有几口人?
Nǐ jiā yǒu jǐ kǒu rén?

A: 가족은 몇 명인가요?

B: 我家有3口人。
Wǒ jiā yǒu sān kǒu rén.

B: 세 식구예요.

A: 你来中国做什么?
Nǐ lái Zhōngguó zuò shénme?

A: 중국에는 뭐 하러 왔어요?

B: 我来旅游。
Wǒ lái lǚyóu.

B: 여행 왔어요.

A: 你在中国待多长时间?
Nǐ zài Zhōngguó dāi duōcháng shíjiān?

B: 三天。
Sān tiān.

A: 你学汉语多久了?
Nǐ xué Hànyǔ duōjiǔ le?

B: 我在学校学了一点儿。
Wǒ zài xuéxiào xué le yìdiǎnr.

A: 你有 kakaotalk (微信) 吗?
Nǐ yǒu kakaotalk (wēixìn) ma?

B: 当然。
Dāngrán.

A: 你的电话号码是多少?
Nǐ de diànhuà hàomǎ shì duōshao?

B: 我的电话号码是 010 1234 5678。
Wǒ de diànhuà hàomǎ shì 010 1234 5678.

A: 有时间常联系。
Yǒu shíjiān cháng liánxì.

B: 好啊。
Hǎo a.

A: 认识你很高兴。
Rènshi nǐ hěn gāoxìng.

B: 认识你我也很高兴。
Rènshi nǐ wǒ yě hěn gāoxìng.

A: 下次见。
Xiàcì jiàn.

B: 再见。
Zàijiàn.

A: 얼마나 있을 건가요?

B: 3일 있을 거예요.

A: 중국어 얼마나 배웠어요?

B: 학교에서 조금 배웠어요.

A: 카톡(웨이신) 하세요?

B: 그럼요.

A: 전화번호는 어떻게 되나요?

B: 제 전화번호는 010 1234 5678이에요.

A: 시간될 때 서로 연락해요.

B: 좋아요.

A: 만나서(알게되어) 반가웠어요.

B: 저도 만나서(알게되어) 반가와요.

A: 그럼 다음에 또 만나요.

B: 안녕히 가세요(계세요).

在机场

Zài jīchǎng

At the Airport
공항에서

공항에서 공항버스를 이용할 때 필요한 주요 표현을 말할 수 있어요.

주요 단어 01-01

번호	단어	병음	한글 뜻	영어 뜻
1	请问	qǐngwèn	실례합니다	Excuse me
2	机场大巴	jīchǎng dàbā	공항버스	airport shuttle bus
3	一直	yìzhí	계속, 줄곧	straight
4	往前走	wǎng qián zǒu	앞으로 가다	go straight forward
5	就是……	jiù shì ……	바로 ~이다	precisely, exactly
6	站	zhàn	역	station
7	一号线	yī hàoxiàn	1호선	subway line number one
8	车票	chēpiào	차표	transport ticket
9	要	yào	원하다, ~주세요	want, would like
10	成人	chéngrén	성인	adult
11	儿童	értóng	어린이	child
12	一共	yígòng	모두, 합계	altogether, in total

🎬 중국 공항 도착 후 인포메이션 센터에서 (在机场咨询台 zài jīchǎng zīxúntái)

宝贝   请问，在哪儿坐机场大巴？
        Qǐngwèn, zài nǎr zuò jīchǎng dàbā?

职员   一直往前走就是。
        Yìzhí wǎng qián zǒu jiù shì.

宝贝   谢谢。
        Xièxie.

TIP ↘

'在'의 뜻

① 동사로 쓰일 때 :
   '~에 있다'라는 뜻 **예** 我在家。Wǒ zài jiā.

② [在 + 장소 + 동사]의 형태로 쓰일 때 :
   '~에서'라는 개사(조사)로 쓰임 **예** 我在家看书。Wǒ zài jiā kàn shū.

③ [在 + 동사]의 형태로 쓰일 때 :
   '~하고 있는 중'이라는 진행형의 의미 **예** 我在看书呢。Wǒ zài kàn shū ne.

🎬 공항버스 매표소에서 (在机场大巴售票处 zài jīchǎng dàbā shòupiàochù)

宝贝　你好，去北京站坐什么车？
Nǐ hǎo, qù Běijīng zhàn zuò shénme chē?

职员　机场大巴一号线。
Jīchǎng dàbā yī hàoxiàn.

宝贝　车票多少钱？
Chēpiào duōshao qián?

职员　成人二十元，儿童十元。
Chéngrén èrshí yuán, értóng shí yuán.

宝贝　我要两张成人票，一张儿童票。
Wǒ yào liǎng zhāng chéngrén piào, yì zhāng értóng piào.

职员　好的，一共五十元。
Hǎo de, yígòng wǔshí yuán.

Dialogue ❶ 情景对话 qíngjǐng duìhuà

🎬 중국 공항 도착 후 인포메이션 센터에서 (在机场咨询台 zài jīchǎng zīxúntái)

宝贝　请问，在哪儿坐机场大巴？

职员　一直往前走就是。

宝贝　谢谢。

宝贝　　Excuse me, where can I take the airport shuttle bus?
职员　　Go straight ahead and you'll see.
宝贝　　Thank you.

Dialogue ❷ 情景对话 qíngjǐng duìhuà

📋 공항버스 매표소에서 (在机场大巴售票处 zài jīchǎng dàbā shòupiàochù)

宝贝　你好，去北京站坐什么车？

 机场大巴一号线。
职员

宝贝　车票多少钱？

 成人二十元，儿童十元。
职员

宝贝　我要两张成人票，一张儿童票。

 好的，一共五十元。
职员

宝贝	Hello, what should I take to get to the Beijing Station?
职员	Airport shuttle bus line number one.
宝贝	How much is the ticket?
职员	Twenty yuan for adults and ten yuan for children.
宝贝	I'd like two adults and one child ticket.
职员	Ok, fifty yuan altogether.

🛫 업그레이드 활동 延伸活动 yánshēn huódòng

01 교체 연습 替换练习 tìhuàn liànxí

🔊 01-04

어휘를 바꾸어 다양한 표현으로 연습해 보세요.

1		택시 정류장	**出租车站** chūzūchē zhàn
2		버스 정류장	**公共汽车站** gōnggòng qìchē zhàn
3	**请问** Qǐngwèn 실례합니다	공항버스 정류장	**机场大巴站** jīchǎng dàbā zhàn
4		지하철역	**地铁站** dìtiě zhàn
5		화장실	**洗手间** xǐshǒujiān

在哪儿?
zài nǎr?
어디에 있나요?

02 역할 연습 角色练习 juésè liànxí

앞에서 배운 상황 회화를 2명씩 짝지어서 연습하고 발표해 보세요.

상황 회화 ❶

[중국 공항 도착 후 인포메이션 센터에서]

보배 실례합니다. 공항버스는 어디서 타나요?
직원 앞쪽으로 쭉 가시면 바로 거기예요.
보배 감사합니다.

상황 회화 ❷

[공항버스 매표소에서]

보배 안녕하세요. 베이징역에 가려고 하는데
　　 어느 버스를 타야 하나요?
직원 공항버스 노선1을 타면 됩니다.
보배 차비는 얼마예요?
직원 성인은 20위안, 어린이는 10위안입니다.
보배 어른 2명, 어린이 1명 표 주세요.
직원 네. 모두 50위안입니다.

03 이해하기 了解汉语 liǎojiě Hànyǔ

1 元과 块 / 角와 毛

① 중국 화폐의 단위는 '元(yuán)'인데, 말할 때와 쓸 때 다르게 말하는 경우가 있습니다. 중국 인민폐 지폐에 쓰여 있는 것은 '圆(yuán)'이고, 일반적으로 메뉴판이나 가격표에 표기할 때는 '元(yuán)'을 쓰며, 말할 때는 주로 '块(kuài)'를 사용합니다.

> 예 苹果两元一斤。　Píngguǒ liǎng yuán yì jīn.　사과 1근에 2위안이에요.
>
> 这个二十五块。　Zhège èrshíwǔ kuài.　이것은 25위안(콰이)이에요.

② '角(jiǎo)'는 0.1元을 나타낼 때 쓰는 더 작은 돈의 단위로, 일반적으로 메뉴판이나 가격표에 표기할 때는 '角(jiǎo)'를 쓰며, 말할 때는 주로 '毛(máo)'를 사용하거나 생략하기도 합니다.

> 예 苹果两元五角一斤。　Píngguǒ liǎng yuán wǔ jiǎo yì jīn.　사과 1근에 2.5위안이에요.
>
> 这个两块五(毛)。　Zhège liǎng kuài wǔ (máo).　이것은 2.5위안(콰이)이에요.

2 二과 两

① 둘 다 '2'라는 뜻을 가지고 있는데, 일반적으로 뒤에 양사(양을 세는 단위로 개, 명, 마리, 벌 등)가 올 때는 两을 사용합니다.

> 예 我要一个。　Wǒ yào yí ge.　한 개 주세요.
>
> 两个人。　Liǎng ge rén.　두 명입니다.

② 숫자를 나타낼 때 일의 단위와 십의 단위는 二을 사용하고, 백의 단위는 二과 两을 겸하여 사용하며, 천의 단위 이상은 两을 사용합니다.

> 예 二 èr　　二十 èrshí　　二百(两百) èr bǎi(liǎng bǎi)　　两千 liǎng qiān　　两万 liǎng wàn
>
> 　　2　　　20　　　　　200　　　　　　　　　2000　　　　　　20000

③ 시간을 나타낼 때 두 시에만 两으로 표현하고 나머지는 二로 사용합니다.

> 예 两点十二分 liǎng diǎn shí'èr fēn　2시 12분

여 행 꿀 팁!

중국 입국 시 공항에서 지문 등록하기

중국에 입국하는 14세 이상 외국인에 대하여 지문 등록을 해야 하는데, 비행기에서 내린 후 입국심사(入境检查 rùjìng jiǎnchá)하러 가는 길에 있는 Foreigner fingerprint self-collection area(外国人指纹自助留存区 wàiguórén zhǐwén zìzhù liúcúnqū)에서 지문등록기계의 START 버튼을 누른 후 여권(护照 hùzhào)을 대면 어떻게 진행하는지 한국어로 설명이 나옵니다. 열 손가락 지문을 모두 등록한 후 'OK'라는 확인표가 나오면, 그 표를 가지고 입국심사대로 가서 제출해야 합니다. (단, 한번 등록한 외국인은 재입국시에는 다시 등록할 필요가 없으며, 지문 등록된 여권은 기계에 갖다 대면 바로 OK 확인표가 나옵니다).

1 녹음 속의 대화를 잘 듣고, 보기 중 관련 있는 사진을 고르세요. 🔊 01-05

A

B

C

2 녹음 속의 대화를 잘 듣고, 질문에 대한 알맞은 답을 고르세요. 🔊 01-06

A 公共汽车   B 出租车   C 机场大巴

3 빈칸에 들어갈 알맞은 단어를 찾으세요.

> 一直往前走(   )是。
> Yìzhí wǎng qián zǒu (   ) shì.

A 就 jiù   B 大 dà   C 不 bù   D 没 méi

4 주어진 단어들을 올바른 문장으로 배열하여 쓰세요.

北京站   去   车   坐   什么
Běijīng zhàn   qù   chē   zuò   shénme

중국어 : _____ ?

병음 : _____ ?

골든벨 QUIZ & 빙고게임

활용 방법

① 1~7번은 선생님이 내 주신 문제를 듣고 써 보는 문제이며, 8~9번은 주어진 한자를 보고 그 뜻을 쓰는 형식의 문제입니다.

② 학생들은 잘 듣고, 혹은 잘 보고 문제의 정답을 골든벨 퀴즈판에 순서대로 적습니다.

③ 선생님은 맞은 개수에 따라서 본 책 가장 마지막 페이지에 있는 '칭찬도장판'에 도장을 찍어 줍니다.

④ 골든벨 퀴즈판은 '주요 단어' 및 '교체 연습'에 나오는 단어로 '빙고게임'으로도 활용이 가능합니다.

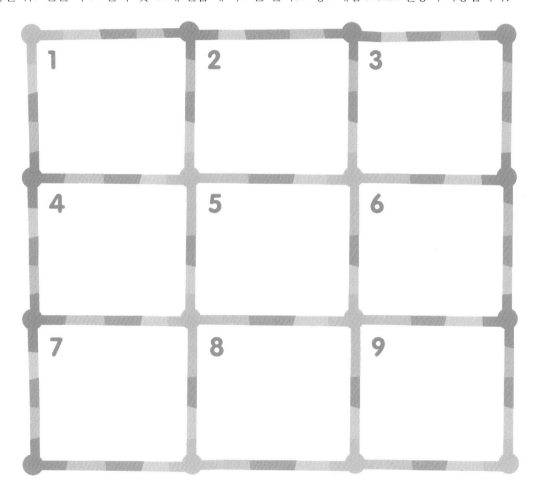

문제 예시

1. '请问'은 'Excuse me'라는 뜻이다. (O/X)
2. '出租车'는 '공항버스'라는 뜻이다. (O/X)
3. '成人'의 뜻을 쓰시오.
4. '儿童'의 뜻을 쓰시오.
5. '二号线'의 뜻을 쓰시오.
6. '一直往前走'의 뜻을 쓰시오.
7. '机场大巴一号线'의 뜻을 쓰시오.
8. '地铁站' 이 한자를 보고 뜻을 쓰시오.
9. '洗手间' 이 한자를 보고 뜻을 쓰시오.

≫ 수화물을 분실했을 때!

해석

① 실례지만, 저 좀 도와주시겠어요?

② 제 수화물(짐)이 나오지 않았어요.

③ 수화물 표 여기 있어요.

④ 제 휴대전화 번호는 010-1234-5678입니다.

⑤ 제 짐을 찾으시면 베이징호텔로 좀 보내 주세요.

*중국에서 자주 쓰이는 한자입니다. 따라 쓰고 읽으며 연습해 보세요.

机 机 机 机 机 机　　场 场 场 场 场

机	场			
jī	chǎng			
	공항			

号 号 号 号 号　　线 线 线 线 线 线 线 线

号	线			
hào	xiàn			
	호선			

车 车 车 车　　票 票 票 票 票 票 票 票 票 票 票

车	票			
chē	piào			
	차표			

成 成 成 成 成 成　　人 人

成	人			
chéng	rén			
	성인			

儿 儿　　童 童 童 童 童 童 童 童 童 童 童 童

儿	童			
ér	tóng			
	어린이			

원리 한자

번호	간체자	번체자	번체자 훈(訓 뜻)과 독음(讀音 소리)
1	请问	請問	請 청할 **청**, 問 물을 **문**
2	机场大巴	機場大巴	機 틀 **기**, 場 마당 **장**, 大 클 **대**, 巴 꼬리/바랄 **파**
3	一直	一直	一 하나 **일**, 直 곧을 **직**/값 **치**
4	往前走	往前走	往 갈 **왕**, 前 앞 **전**, 走 달릴 **주**
5	就是	就是	就 나아갈 **취**, 是 옳을 **시**
6	站	站	站 설 **참**
7	一号线	一號線	一 하나 **일**, 號 이름 **호**, 線 줄 **선**
8	车票	車票	車 수레 **차**/**거**, 票 표 **표**
9	要	要	要 요긴할/중요할 **요**
10	成人	成人	成 이룰 **성**, 人 사람 **인**
11	儿童	兒童	兒 아이 **아**, 童 아이 **동**
12	一共	一共	一 하나 **일**, 共 한 가지 **공**

請 청할 청

'말씀'이라는 뜻과 '청'이라는 음을 결합하여 만든 글자로, '말씀을 청하다', '부탁하다', '물어보다'라는 의미로 사용됩니다.

관련 어휘

▷ 請 = 言 말씀 **언** + 靑 푸를 **청**: (말씀을) 청할 **청**

▷ 淸 = 氵 물 **수** + 靑 푸를 **청**: (물이) 맑을 **청**

▷ 晴 = 日 해 **일** + 靑 푸를 **청**: (날이) 맑을/갤 **청**

• 招請 (초청)
  청하여 부름
• 請託 (청탁)
  청하여 부탁함

問 물을 문

'문 문'에서 '문'이라는 음과 '입 구'에서 '입'이라는 뜻을 가지고 와서 '(입으로) 물어보다'라는 의미의 한자입니다.

관련 어휘

▷ 問 = 門 문 **문** + 口 입 **구**: (입으로) 물을 **문**

▷ 聞 = 門 문 **문** + 耳 귀 **이**: (문에 귀를 갖다 대고) 들을 **문**

▷ 開 = 門 문 **문** + 一 하나 **일**(문빗장) + 廾 받들 **공**(양손):
   (문빗장을 두 손으로 들어올려 문을 열려고 하는) 열 **개**

• 訪問 (방문)
  물어서 찾아감
• 疑問 (의문)
  의심하여 물음

第二课

乘坐公共交通
Chéngzuò gōnggòng jiāotōng
Taking public transportation
대중교통 이용하기

학습 목표

택시와 지하철을 타기 위해 필요한 주요 표현을 말할 수 있어요.

주요 단어 02-01

번호	단어	병음	한글 뜻	영어 뜻
1	哪儿 / 哪里	nǎr / nǎlǐ	어디	where
2	首都	shǒudū	수도	capital
3	国际	guójì	국제	international
4	系	jì	매다, 묶다	fasten
5	安全带	ānquándài	안전벨트	seat belt
6	发票	fāpiào	영수증	receipt
7	地铁	dìtiě	지하철	subway
8	天安门	Tiān'ānmén	톈안먼(천안문)	Tiananmen
9	坐	zuò	타다	ride / take
10	这儿 / 这里	zhèr / zhèlǐ	여기	here
11	对面	duìmiàn	맞은편	opposite

🎬 **택시 탈 때** (乘坐出租车 chéngzuò chūzūchē)

师傅　您好！ 您去哪儿？
Nín hǎo! Nín qù nǎr?

宝贝　首都国际机场。
Shǒudū Guójì Jīchǎng.

师傅　好的，请系好安全带。
Hǎo de, qǐng jìhǎo ānquándài.

🎬 **공항에 도착해서** (到达机场 dàodá jīchǎng)

师傅　到了。
Dào le.

宝贝　师傅，给你钱，我要发票。
Shīfu, gěi nǐ qián, wǒ yào fāpiào.

🎬 지하철 탈 때 (乘坐地铁 chéngzuò dìtiě)

宝贝 不好意思，请问到天安门在这儿坐车吗？
Bù hǎo yìsi, qǐngwèn dào Tiān'ānmén zài zhèr zuò chē ma?

中国人1 不是，在对面坐。
Bú shì, zài duìmiàn zuò.

🎬 지하철 탄 후 (地铁上 dìtiě shàng)

宝贝 请问这一站是天安门吗？
Qǐngwèn zhè yí zhàn shì Tiān'ānmén ma?

中国人2 不，是下一站。
Bù, shì xià yí zhàn.

🎬 지하철 내린 후 (下地铁后 xià dìtiě hòu)

宝贝 请问天安门是几号出口？
Qǐngwèn Tiān'ānmén shì jǐ hào chūkǒu?

中国人3 二号出口。
Èr hào chūkǒu.

宝贝 谢谢。
Xièxie.

🎬 택시 탈 때 (乘坐出租车 chéngzuò chūzūchē)

您好！ 您去哪儿？

师傅

 宝贝

首都国际机场。

好的，请系好安全带。

师傅

🎬 공항에 도착해서 (到达机场 dàodá jīchǎng)

到了。

师傅

 宝贝

师傅，给你钱，我要发票。

师傅　　Hello! Where are you going?
宝贝　　Capital International Airport, please.
师傅　　Ok, please fasten your seat belt.

师傅　　We've arrived.
宝贝　　Here's the money for the fare, and I'd like my receipt.

Dialogue ❷ 情景对话 qíngjǐng duìhuà

📋 지하철 탈 때 (乘坐地铁 chéngzuò dìtiě)

宝贝

不好意思，请问到天安门在这儿坐车吗？

不是，在对面坐。

中国人1

📋 지하철 탄 후 (地铁上 dìtiě shàng)

宝贝

请问这一站是天安门吗？

不，是下一站。

中国人2

📋 지하철 내린 후 (下地铁后 xià dìtiě hòu)

宝贝

请问天安门是几号出口？

二号出口。

中国人3

宝贝

谢谢。

宝贝	Excuse me, can I take the subway to Tiananmen here?
中国人1	No, it's on the opposite.
宝贝	Is this the right stop for Tiananmen?
中国人2	No, it's the next stop.
宝贝	Could you tell me the number of the exit to Tiananmen?
中国人3	It's exit number two.
宝贝	Thanks.

01 교체 연습 替换练习 tìhuàn liànxí

02-04

어휘를 바꾸어 다양한 표현으로 연습해 보세요.

1		(국제) 공항	(国际)机场 (guójì) jīchǎng
2		(톈안먼) 지하철역	(天安门)地铁站 (Tiān'ānmén) dìtiě zhàn
3	去 Qù 갑니다	(베이징) 기차역	(北京)火车站 (Běijīng) huǒchē zhàn
4		시외버스터미널	长途汽车站 chángtú qìchē zhàn
5		이 주소	这个地址 zhège dìzhǐ

02 역할 연습 角色练习 juésè liànxí

앞에서 배운 상황 회화를 2명씩 짝지어서 연습하고 발표해 보세요.

상황 회화 ❶

택시 탈 때

기사 안녕하세요! 어디 가십니까?
보배 베이징수도국제공항이요.
기사 알겠습니다. 안전벨트 매 주세요.

공항에 도착해서

기사 도착했습니다.
보배 기사님, 돈 여기 있습니다.
영수증 주세요.

상황 회화 ❷

지하철 탈 때

보배 실례지만 톈안먼 가려면 여기서 타나요?
중국인1 아니요. 맞은편에서 타세요.

지하철 탄 후

보배 말씀 좀 묻겠습니다. 이번 역이 톈안먼인
가요?
중국인2 아니요. 다음 역입니다.

지하철 내린 후

보배 실례합니다. 톈안먼은 몇 번 출구인가요?
중국인3 2번 출구입니다.
보배 감사합니다.

이해하기 了解汉语 liǎojiě Hànyǔ

1 好의 의미

① 好의 가장 기본적인 의미는 형용사로 '좋다'입니다.

> 예 很好！ Hěn hǎo! 매우 좋아요!
>
> 我们是好朋友。 Wǒmen shì hǎopéngyou. 우리는 친한 친구(사이가 좋은 친구)입니다.

② 동사 앞에서 [好 + 동사]의 형태로 쓰여 '~하기 좋다, ~하기 쉽다'는 의미로 사용됩니다.

> 예 好看 hǎo kàn 보기 좋다(= 예쁘다)　　好听 hǎo tīng 듣기 좋다

③ 동사 뒤에서 [동사 + 好]의 형태로 쓰여 어떠한 동작이나 행동이 이미 다 완성됐음을 나타냅니다.

> 예 做好了 zuòhǎo le 다 했어요　　准备好了 zhǔnbèi hǎo le 준비되었어요

④ [好 + 형용사/동사]의 형태로 쓰여 '매우, 정말'의 뜻으로 표현됩니다.

> 예 好冷 hǎo lěng 정말 춥다
>
> 好多学生 hǎo duō xuéshēng (꽤 여러 명의) 학생들

⑤ 문장 앞에 好的, 好了의 형태로 쓰여 '좋아요(알겠어요), 자(됐다)'의 의미로 사용됩니다.

> 예 好了，别说了。 Hǎo le, bié shuō le. 됐다, 더 이상 말하지 마.

2 了의 의미

문장 맨 끝에 사용하여 상태의 변화를 알려주는 의미를 나타냅니다.

> 예 下雨了。 Xià yǔ le. 비가 와요. [비가 안 내리다가 지금 비가 내리는 경우]
>
> 早上下雨了。 Zǎoshang xià yǔ le. 아침에 비가 왔어요. [아침에는 왔었는데 지금은 비가 안 내리는 경우]

3 '기사(司机)'와 '사부(师傅)'

운전기사는 중국어로 '기사(司机 sījī)'라고 하지만 이는 운전하는 직업 자체를 가리키는 직업명으로 실제로 운전기사를 호칭할 때는 '사부(师傅 shīfu)'라고 불러야 합니다. 만일 '기사(司机 sījī)'라고 부른다면 기사님을 존중하지 않는 느낌을 주게 됩니다.

'사부(师傅)'는 학문이나 무술을 가르쳐 주시는 '스승님, 사부님'이라는 뜻 이외에 어떤 전문 직업에서 그 일에 숙달한 사람을 존칭해서 부를 때 씁니다.

> 예 他是出租车司机。 Tā shì chūzūchē sījī. 이 사람은 택시 운전기사이다.
>
> 师傅，在这儿停。 Shīfu, zài zhèr tíng. 기사님, 여기서 세워주세요.

1 녹음 속의 대화를 잘 듣고, 보기 중 관련 있는 사진을 고르세요. 🔊 02-05

A

B

C

2 녹음 속의 대화를 잘 듣고, 질문에 대한 알맞은 답을 고르세요. 🔊 02-06

A 地铁站   B 出租车上   C 飞机

3 빈칸에 들어갈 알맞은 단어를 찾으세요.

> 请系(   )安全带。
> Qǐng jì (   ) ānquándài.

A 到 dào   B 坐 zuò   C 不 bù   D 好 hǎo

4 주어진 단어들을 올바른 문장으로 배열하여 쓰세요.

在这儿	到	天安门	请问	车	吗	坐
zài zhèr	dào	Tiān'ānmén	qǐngwèn	chē	ma	zuò

중국어 : _____ ?

병음 : _____ ?

골든벨 QUIZ & 빙고게임

활용 방법

① 1~7번은 선생님이 내 주신 문제를 듣고 써 보는 문제이며, 8~9번은 주어진 한자를 보고 그 뜻을 쓰는 형식의 문제입니다.

② 학생들은 잘 듣고, 혹은 잘 보고 문제의 정답을 골든벨 퀴즈판에 순서대로 적습니다.

③ 선생님은 맞은 개수에 따라서 본 책 가장 마지막 페이지에 있는 '칭찬도장판'에 도장을 찍어 줍니다.

④ 골든벨 퀴즈판은 '주요 단어' 및 '교체 연습'에 나오는 단어로 '빙고게임'으로도 활용이 가능합니다.

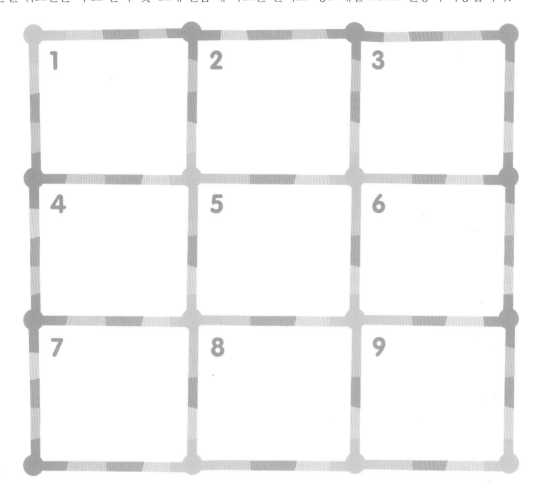

문제 예시

1. '机场'은 'Airport'라는 뜻이다. (O/X)
2. 중국의 '首都'는 '베이징'이다. (O/X)
3. '安全带'의 뜻을 쓰시오.
4. '国际'의 뜻을 쓰시오.
5. '发票'의 뜻을 쓰시오.
6. '您去哪儿?'의 뜻을 쓰시오.
7. '二号出口'의 뜻을 쓰시오.
8. '出租车' 이 한자를 보고 뜻을 쓰시오.
9. '地铁' 이 한자를 보고 뜻을 쓰시오.

버스를 탈 때!

간체자 쓰기

*중국에서 자주 쓰이는 한자입니다. 따라 쓰고 읽으며 연습해 보세요.

首 首 首 首 产 首 首 首 首		都 都 者 都 者 者 者 者 都 都			
首	都				
shǒu	dū				
	수도				

I 囗 囗 同 同 国 国 国		⻖ ⻖ 阡 际 际 际 际			
国	际				
guó	jì				
	국제				

安 安 宀 宀 安 安		人 个 仐 仐 全 全			
安	全				
ān	quán				
	안전				

⺈ 步 发 发 发		票 票 覀 票 覀 票 票 票 票 票			
发	票				
fā	piào				
	영수증				

地 十 土 圤 地 地		钅 钅 钅 钅 铁 铁			
地	铁				
dì	tiě				
	지하철				

원리 한자

번호	간체자	번체자	번체자 훈(訓 뜻)과 독음(讀音 소리)
1	哪儿 / 哪里	哪兒 / 哪里	哪 어찌 나, 兒 아이 아 / 哪 어찌 나, 里 마을 리
2	首都	首都	首 머리 수, 都 도읍 도
3	国际	國際	國 나라 국, 際 즈음(사이) 제
4	系	繫	繫 맬 계
5	安全带	安全帶	安 편안할 안, 全 온전할 전, 帶 띠 대
6	发票	發票	發 필 발, 票 표 표
7	地铁	地鐵	地 땅 지, 鐵 쇠 철
8	天安门	天安門	天 하늘 천, 安 편안할 안, 門 문 문
9	坐	坐	坐 앉을 좌
10	这儿 / 这里	這兒 / 這里	這 이 저, 兒 아이 아 / 這 이 저, 里 마을 리
11	对面	對面	對 대할 대, 面 얼굴 면

坐 앉을 좌

'땅(土)' 위에 '사람들(人人)'이 앉아 있는 모습을 표현한 글자입니다.

▷ 坐 = 土 흙 토 + 人 사람 인: (사람이 흙 위에) 앉을 좌
▷ 座 = 广 집 엄 + 坐 앉을 좌: (집에 앉을) 자리 좌
▷ 挫 = 手 손 수 + 坐 앉을 좌: (손으로) 꺾을 좌

관련 어휘
· 座席(좌석)
  앉는 자리
· 挫折(좌절)
  마음이나 기운 등이 꺾임

首 머리 수

머리카락과 코를 중심으로 사람의 머리를 표현한 글자입니다. 같은 의미의 부수자로는 '頁(머리 혈)'이 있습니다. '首'는 단독으로 쓸 수 있지만 '頁'은 다른 글자와 결합하여 쓰입니다.

▷ 道 = 辶 쉬엄쉬엄 갈 착 + 首 머리 수: (우두머리가 다니는 큰 길) 길 도
▷ 頭 = 豆 콩 두 + 頁 머리 혈: ('콩 두'에서 '두'라는 음과 '머리'라는 뜻으로 이루어진) 머리 두
▷ 頸 = 巠 물줄기 경 + 頁 머리 혈: ('경'이라는 음과 '머리'라는 뜻으로 이루어졌으며, 머리에서 내려오는 물줄기에 해당하는) 목 경

관련 어휘
· 首都(수도)
  한 나라의 머리가 되는 (정부가 있는) 중요 도시
· 首席(수석)
  머리가 되는 맨 윗자리

第三课

问路
Wèn lù

Asking Directions
길 묻기

어떤 장소를 찾아가기 위해 길을 묻고 답할 수 있어요.

주요 단어 🔊 03-01

번호	단어	병음	한글 뜻	영어 뜻
1	红绿灯	hónglǜdēng	신호등	traffic lights
2	右(↔ 左 zuǒ)	yòu	오른쪽	right
3	拐	guǎi	돌다, 방향을 바꾸다	turn
4	需要	xūyào	필요하다	need
5	多长	duō cháng	얼마나	how long
6	时间	shíjiān	시간	time
7	走路	zǒulù	걷다	walk
8	左右	zuǒyòu	대략, 좌우	about
9	海底捞火锅	Hǎidǐlāo huǒguō	하이디라오 샤브샤브	Haidilao hotpot
10	十字路口	shízì lùkǒu	사거리	crossroads
11	远(↔ 近 jìn)	yuǎn	멀다	far

🎬 호텔을 찾을 때 (问路到酒店 wèn lù dào jiǔdiàn)

宝贝 　请问，北京大酒店怎么走？
　　　Qǐngwèn, Běijīng Dàjiǔdiàn zěnme zǒu?

中国人1 　一直往前走，在红绿灯往右拐。
　　　Yìzhí wǎng qián zǒu, zài hónglǜdēng wǎng yòu guǎi.

宝贝 　需要多长时间？
　　　Xūyào duō cháng shíjiān?

中国人1 　走路五分钟左右。
　　　Zǒulù wǔ fēnzhōng zuǒyòu.

宝贝 　谢谢。
　　　Xièxie.

🎬 식당을 찾을 때 (问路到饭店 wèn lù dào fàndiàn)

宝贝 请问，海底捞火锅怎么走?
Qǐngwèn, Hǎidǐlāo huǒguō zěnme zǒu?

中国人2 一直往前走，在第二个十字路口往左拐就是。
Yìzhí wǎng qián zǒu, zài dì èr ge shízì lùkǒu wǎng zuǒ guǎi jiù shì.

宝贝 远吗?
Yuǎn ma?

中国人2 不太远，走路七分钟就到。
Bú tài yuǎn, zǒulù qī fēnzhōng jiù dào.

宝贝 谢谢。
Xièxie.

TIP

하이띠라오
(**海底捞** Hǎidǐlāo)
중국의 훠궈(**火锅** huǒguō 샤브샤브) 브랜드 1위의 유명한 샤브샤브 체인점으로 우리나라에도 진출해 있습니다. 주문은 사진 메뉴를 함께 보여주는 테블릿(Tablet)으로 원하는 메뉴를 선택하는 시스템입니다.

♫ **Dialogue ❶** 情景对话 qíngjǐng duìhuà

📋 호텔을 찾을 때 (问路到酒店 wèn lù dào jiǔdiàn)

请问，北京大酒店怎么走？
宝贝

一直往前走，在红绿灯往右拐。

中国人1

需要多长时间？
宝贝

走路五分钟左右。

中国人1

谢谢。
宝贝

宝贝　　　Excuse me, how can I get to the Beijing Hotel?
中国人1　Go straight forward and turn right at the traffic lights.
宝贝　　　How long does it take?
中国人1　It's about five minutes' walk from here.
宝贝　　　Thanks.

Dialogue ❷ 情景对话 qíngjǐng duìhuà

📽 식당을 찾을 때 (问路到饭店 wèn lù dào fàndiàn)

宝贝

请问，海底捞火锅怎么走？

一直往前走，
在第二个十字路口往左拐就是。

中国人 2

远吗？

宝贝

不太远，走路七分钟就到。

中国人 2

谢谢。

宝贝

宝贝	Excuse me, how can I get to Haidilao hotpot?
中国人 2	Go straight ahead and turn left at the second crossing.
宝贝	Is it far?
中国人 2	Not too far. It's only a seven-minute walk.
宝贝	Thanks.

01 교체 연습 替换练习 tìhuàn liànxí 🔊 03-04

어휘를 바꾸어 다양한 표현으로 연습해 보세요.

1		여기 / 이곳	这里 zhèlǐ	
2		은행	银行 yínháng	
3	请问 Qǐngwèn 실례합니다	화장실	洗手间 xǐshǒujiān	怎么走? zěnme zǒu? 어떻게 가나요?
4		맥도날드	麦当劳 Màidāngláo	
5		KFC	肯德基 Kěndéjī	

02 역할 연습 角色练习 juésè liànxí

앞에서 배운 상황 회화를 2명씩 짝지어서 연습하고 발표해 보세요.

상황 회화 ❶

호텔을 찾을 때

보배 실례합니다. 베이징호텔은 어떻게 가나요?

중국인1 앞쪽으로 계속 가다가 신호등에서 오른쪽으로 꺾으면 됩니다.

보배 얼마나 걸리나요?

중국인1 걸어서 5분 정도 걸립니다.

보배 감사합니다.

상황 회화 ❷

식당을 찾을 때

보배 실례합니다. 하이디라오 샤브샤브 가게는 어떻게 가나요?

중국인2 앞쪽으로 계속 가다가 두 번째 사거리에서 왼쪽으로 돌면 바로 보입니다.

보배 먼가요?

중국인2 그다지 멀지 않습니다. 걸어서 7분 정도면 도착합니다.

보배 감사합니다.

03 **이해하기** 了解汉语 liǎojiě Hànyǔ

1 走와 去의 차이

① 走와 去는 모두 '가다'라는 뜻으로 사용되는데, 去는 어떠한 목적지를 향해 가는 것을 나타내므로 뒤에 목적어를 쓸 수 있습니다. 그러나 走는 어디로 가는지 말하는 것이 아닌 단순히 '떠나다'라는 의미의 '가다'이므로 뒤에 목적어를 쓸 수 없습니다.

> 예 我去学校。 Wǒ qù xuéxiào. 학교(에) 가요.
> 走吧。 Zǒu ba. 갑시다.

② 走는 '가다'라는 뜻 이외에 '걷다'라는 의미도 있습니다.

> 예 走路去。 Zǒu lù qù. 걸어서 가다.

③ 같은 문장 속 走와 去의 의미의 차이를 알아보세요.

> 예 怎么去? Zěnme qù? 어떻게 가나요? [어떤 교통수단을 타고, 어떻게 가는지에 대해 물을 때]
> 怎么走? Zěnme zǒu? 어떻게 가나요? [걸어서 갈 수 있는 거리의 가는 방법을 물어 볼 때]
>
> 我们去吧! Wǒmen qù ba! 우리 갑시다! [다음 목적지의 장소로 가려는 것]
> 我们走吧! Wǒmen zǒu ba! 우리 갑시다! [단순히 그 장소를 떠나는 것]

2 就와 才

① 就는 일반적으로 어떤 사건이나 시간이 이르거나 짧은 경우에 사용하는데 '~(바로) ~하다', '벌써' 등의 의미를 포함하고 있습니다. '벌써'의 의미로 쓰일 때는 문장 뒤에 了를 같이 사용해야 합니다.

> 예 走路五分钟就到。 Zǒu lù wǔ fēnzhōng jiù dào. 걸어서 5분이면 (바로) 도착해요.
> 一点就到。 yī diǎn jiù dào. 1시에 (바로) 도착할 수 있어요.

② 才는 就와 반대되는 개념으로 어떤 사건이나 시간이 느리거나 늦은 경우에 사용하는데 '~되어야, ~에서야' 등의 의미를 포함하고 있습니다.

> 예 走路20分钟才到。 Zǒu lù èrshí fēnzhōng cái dào. 걸어서 20분에 (20분이 돼서야) 도착해요.
> 一点才到。 Yī diǎn cái dào. 한 시에 (겨우) 도착할 수 있어요.

여 행 꿀 팁!

중국의 길 찾기 어플 (软件 ruǎnjiàn)

일반적으로 외국에서 휴대폰으로 길 찾기에 유용한 앱은 '구글맵(谷歌地图 Gǔgē Dìtú)'입니다. 그러나 중국에서는 구글지도가 잘 작동되지 않으며 정확성이 많이 떨어지므로 중국 여행 시에는 '고덕지도(高德地图 Gāodé Dìtú)' 앱을 사용하는 것이 유용합니다. 단 한글 지원되지 않으므로 영어의 알파벳으로 입력을 하거나 중국어로 입력하여 검색해야 합니다.

1 녹음 속의 대화를 잘 듣고, 보기 중 관련 있는 사진을 고르세요. 🔊 03-05

A

B

C

2 녹음 속의 대화를 잘 듣고, 질문에 대한 알맞은 답을 고르세요. 🔊 03-06

A 四分钟　　　　B 四十分钟　　　　C 十分钟

3 빈칸에 들어갈 알맞은 단어를 찾으세요.

> 不太远，走路七分钟（　　）到。
> Bú tài yuǎn, zǒulù qī fēnzhōng (　　) dào.

A 才 cái　　　B 就 jiù　　　C 尺 chǐ　　　D 走 zǒu

4 주어진 단어들을 올바른 문장으로 배열하여 쓰세요.

往左拐	第二个	在	十字路口	就是
wǎng zuǒ guǎi	dì èr ge	zài	shízì lùkǒu	jiù shì

중국어 : _____ 。

병음 : _____ .

골든벨 QUIZ & 빙고게임

활용 방법

① 1~7번은 선생님이 내 주신 문제를 듣고 써 보는 문제이며, 8~9번은 주어진 한자를 보고 그 뜻을 쓰는 형식의 문제입니다.

② 학생들은 잘 듣고, 혹은 잘 보고 문제의 정답을 골든벨 퀴즈판에 순서대로 적습니다.

③ 선생님은 맞은 개수에 따라서 본 책 가장 마지막 페이지에 있는 '칭찬도장판'에 도장을 찍어 줍니다.

④ 골든벨 퀴즈판은 '주요 단어' 및 '교체 연습'에 나오는 단어로 '빙고게임'으로도 활용이 가능합니다.

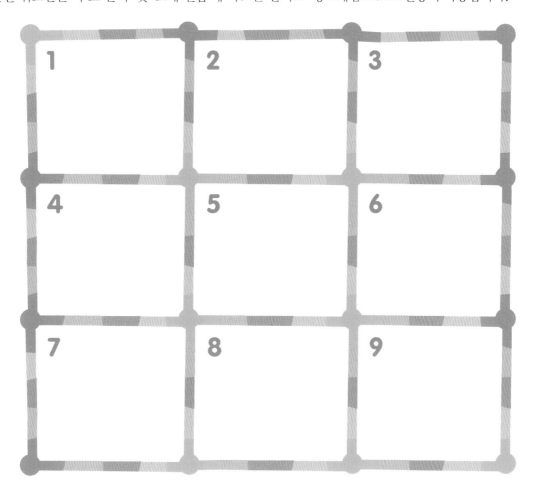

문제 예시

1. '红灯'은 '신호등'이라는 뜻이다. (O/X)
2. '右拐'는 '오른쪽으로 돌다'라는 뜻이다. (O/X)
3. '时间'의 뜻을 쓰시오.
4. '十字路口'의 뜻을 쓰시오.
5. '不远'의 뜻을 쓰시오.
6. '走路十分钟左右'의 뜻을 쓰시오.
7. '在第二个十字路口往右拐'의 뜻을 쓰시오.
8. '银行' 이 한자를 보고 뜻을 쓰시오.
9. '麦当劳' 이 한자를 보고 뜻을 쓰시오.

이럴 땐 이런 표현

》 화장실 이용하기!

해석

❶ 실례합니다. 근처에 화장실 있나요?

❷ 이쪽으로 쭉 가면 나옵니다.

❸ 죄송하지만 제가 조금 급해서요. 화장실 좀 이용할 수 있을까요?

❹ 2층에 있습니다.

一 十 扌 扩 护 押 拐 拐

拐

guǎi

돌다

丨 冂 冂 日 旷 时 时　　丶 冂 门 间 间 间

时　间

shí　jiān

시간

一 ナ 左 左 左　　一 ナ 右 右 右

左　右

zuǒ　yòu

대략, 좌우

丶 丷 火 火　　钅 钅 钅 钔 钔 钔 钶 钶 锅 锅

火　锅

huǒ　guō

훠궈(샤브샤브)

丨 冂 口 早 早 足 趵 趵 跂 趵 路 路　　丨 冂 口

路　口

lù　kǒu

길목(갈림길 입구)

원리 한자

번호	간체자	번체자	번체자 훈(訓 뜻)과 독음(讀音 소리)
1	红绿灯	紅綠燈	紅 붉을 **홍**, 綠 푸를 **녹**, 燈 등 **등**
2	右(↔ 左)	右(↔ 左)	右 오른 **우**(↔ 左 왼 **좌**)
3	拐	拐	拐 후릴(꾀어낼 / 속일 / 바꿀) **괴**
4	需要	需要	需 쓸 **수**, 要 중요할 **요**
5	多长	多長	多 많을 **다**, 長 긴 **장**
6	时间	時間	時 때 **시**, 間 사이 **간**
7	走路	走路	走 달릴 **주**, 路 길 **로**
8	左右	左右	左 왼 **좌**, 右 오른 **우**
9	海底捞火锅	海底撈火鍋	海 바다 **해**, 底 밑 **저**, 撈 건질 **로**, 火 불 **화**, 鍋 노구솥(놋쇠로 만든 작은 솥) **과**
10	十字路口	十字路口	十 열 **십**, 字 글자 **자**, 路 길 **로**, 口 입 **구**
11	远(↔ 近)	遠(↔ 近)	遠 멀 **원**(↔ 近 가까울 **근**)

🔍 右 오른 우

밥을 먹거나 말로 무언가를 설명할 때 주로 오른쪽 손을 사용하므로 '오른쪽'이라는 의미입니다.

▷ 右 = ナ 변형된 왼손 **좌** + 口 입 **구**:
(밥을 먹거나 말로 설명할 때 주로 사용하는 손인) 오른 **우**

▷ 左 = ナ 변형된 왼손 **좌** + 工 장인/공구 **공**:
(공구를 사용하는 손인 왼쪽 손을 나타내는) 왼 **좌**

▷ 佐 = 人 사람 **인** + 左 왼 **좌**: (사람이 왼쪽에서) 도울 **좌**

> **관련 어휘**
> · 左右(좌우)
> ① 왼쪽과 오른쪽
> ② '좌지우지(左之右之) 하다'의 줄임말
> · 補佐(보좌)
> 상관을 도와 일을 처리함

🔍 十 열 십

부수자로 혼자 쓰이면 숫자 '열'의 뜻이며, 다른 부수자와 함께 쓰이면 '여러 번, 여러 사람'의 뜻으로 쓰입니다.

▷ 協 = 十 열 **십** + 力 힘 **력**: (여러 사람이 힘을 합하여) 도울 **협**

▷ 針 = 金 쇠 **금** + 十 열 **십**: (쇠를 여러 번 쪼개면 만들어지는) 바늘 **침**

▷ 什 = 人 사람 **인** + 十 열 **십**: (여러 사람의) 열 사람 **십**

> **관련 어휘**
> · 十中八九
> (십중팔구)
> 열에 여덟이나 아홉이란
> 의미(= 대부분)

第四课

点菜

Diǎn cài

Ordering food
음식 주문하기

학습 목표

식당이나 패스트푸드점에서 주문할 때 필요한 주요 표현을 말할 수 있어요.

주요 단어 🔊 04-01

번호	단어	병음	한글 뜻	영어 뜻
1	欢迎光临	huānyíng guānglín	어서 오세요	welcome
2	几位	jǐ wèi	몇 분	how many people
3	点	diǎn	주문하다 / 시(시간)	order/o'clock
4	不要	búyào	~하지 마라	do not ~
5	香菜	xiāngcài	샹차이(고수)	coriander
6	套餐	tàocān	세트 (메뉴)	combo
7	A还是B?	A háishi B?	A 아니면 B?	A or B?
8	打包	dǎbāo	포장하다	pack

🎬 식당에서 (在饭店 zài fàndiàn)

服务员　欢迎光临！几位？
　　　　Huānyíng guānglín! Jǐ wèi?

宝贝　　三个人。
　　　　Sān ge rén.

服务员　这边请。(테이블에 도착한 후) 请坐！
　　　　Zhè biān qǐng.　　　　　　 Qǐng zuò!

(메뉴판을 본 후 주문하기 위해 종업원을 부른다.)

服务员　您要点什么？
　　　　Nín yào diǎn shénme?

宝贝　　这个要一个，这个要两个，还要三碗饭，
　　　　Zhège yào yí ge, zhège yào liǎng ge, hái yào sān wǎn fàn,

　　　　一瓶矿泉水，还有一瓶可乐。
　　　　yì píng kuàngquánshuǐ, hái yǒu yì píng kělè.

服务员　好的。(손님이 주문한 메뉴들을 반복하여 말한 후) 这些是吗？
　　　　Hǎo de.　　　　　　　　　　　　　　　　Zhèxiē shì ma?

宝贝　　对。对了，不要放香菜。
　　　　Duì. Duì le, búyào fàng xiāngcài.

(주문한 음식을 다 먹은 후, 계산하기 위해 종업원을 부른다.)

宝贝　　服务员，买单。
　　　　Fúwùyuán, mǎidān.

服务员　好的，(잠시 후 계산서를 가지고 와서 보여주면서) 一共一百五十九块。
　　　　Hǎo de,　　　　　　　　　　　　　　　　yígòng yìbǎi wǔshíjiǔ kuài.

宝贝　　(돈을 건네면서) 我要发票。
　　　　Wǒ yào fāpiào.

🎬 패스트푸드점에서 (在快餐店 zài kuàicāndiàn)

服务员 欢迎光临！您要点什么？
Huānyíng guānglín! Nín yào diǎn shénme?

宝贝 一号套餐一个，二号套餐两个。
Yī hào tàocān yí ge, èr hào tàocān liǎng ge.

服务员 在这儿吃还是打包？
Zài zhèr chī háishi dǎbāo?

宝贝 在这儿吃。
Zài zhèr chī.

服务员 一共五十七块。
Yígòng wǔshíqī kuài.

宝贝 给你钱。
Gěi nǐ qián.

Dialogue ❶ 情景对话 qíngjǐng duìhuà

📋 식당에서 (在饭店 zài fàndiàn)

服务员　欢迎光临！几位？

宝贝　三个人。

服务员　这边请。……请坐！

服务员　您要点什么？

宝贝　这个要一个，这个要两个，还要三碗饭，
一瓶矿泉水，还有一瓶可乐。

服务员　好的。……这些是吗？

宝贝　对。对了，不要放香菜。

宝贝　服务员，买单。

服务员　好的，……一共一百五十九块。

宝贝　我要发票。

服务员　Welcome! How many are you?
宝贝　Three.
服务员　This way, please. ……Have a seat!
……What can I help you?
宝贝　One of these, two of these, and three rice, with a water and a coke, please.

服务员　Ok, you want……. Right?
宝贝　Yes, and please hold the coriander.
…… Check, please.
服务员　Ok, …… it's one hundred fifty nine yuan in total.
宝贝　I'd like my receipt.

패스트푸드점에서 (**在快餐店** zài kuàicāndiàn)

服务员

欢迎光临！您要点什么？

宝贝

一号套餐一个，二号套餐两个。

服务员

在这儿吃还是打包？

宝贝

在这儿吃。

服务员

一共五十七块。

宝贝

给你钱。

服务员	Welcome! What would you like to have?
宝贝	One combo number one and two number twos, please.
服务员	For here or to go?
宝贝	For here.
服务员	It's fifty seven yuan in total.
宝贝	Here you are.

01 교체 연습 替换练习 tìhuàn liànxí

04-04

어휘를 바꾸어 다양한 표현으로 연습해 보세요.

1	이것	这个 zhège
2	저것 / 그것	那个 nàge
3 我要 Wǒ yào 주세요	생수	矿泉水 kuàngquánshuǐ
4	시원한 것	冰的 bīng de
5	아이스크림	冰淇淋 bīngqílín

02 역할 연습 角色练习 juésè liànxí

앞에서 배운 상황 회화를 2명씩 짝지어서 연습하고 발표해 보세요.

상황 회화 ❶

식당에서

종업원 어서 오세요! 몇 분이세요?
보배 세 명이에요.
종업원 이쪽으로 오세요. 여기 앉으세요!
　　　 어떤 걸로 주문하시겠습니까?
보배 이거 하나, 이거 두 개, 밥 세 공기, 그리
　　　 고 생수 한 병과 콜라 한 병 주세요.
종업원 주문하신 거 확인하겠습니다.
　　　 …… 맞나요?
보배 맞습니다. 참! 고수는 넣지 말아 주세요.
종업원 알겠습니다. 총 159위안입니다.
보배 네. 영수증 주세요.

상황 회화 ❷

패스트푸드점에서

종업원 안녕하세요! 어떤 걸로 주문하시겠어요?
보배 세트 1번 하나랑 세트 2번 두 개 주세요.
종업원 여기서 드시나요, 포장해서 가시나요?
보배 여기서 먹습니다.
종업원 총 57위안입니다.
보배 여기 있습니다.

03 이해하기 了解汉语 liǎojiě Hànyǔ 04-05

∴ 중국돈 인민폐의 단위에 대해 알아보세요.

중국 화폐 단위	화폐 사진	중국 물가 이해하기
一分 yì fēn 1펀		**[2020년 기준]** 1分 = 약 1.7원 1角(毛) = 약 17원 1块(元) = 약 170원 10块(元) = 약 1,700원 100百块(元) = 약 17,000원
一角(毛) yì jiǎo(máo) 1지아오(마오)		
五角(毛) wǔ jiǎo(máo) 5지아오(마오)		버스비: 1~2块(元) 택시 기본 요금: 10~15块(元) 생수: 1~3块(元) 맥도날드 빅맥세트: 26.5块(元)
一块(元) yí kuài(yuán) 1콰이(위안)		
五块(元) wǔ kuài(yuán) 5콰이(위안)		
十块(元) shí kuài(yuán) 10콰이(위안)		
二十块(元) èrshí kuài(yuán) 20콰이(위안)		
五十块(元) wǔshí kuài(yuán) 50콰이(위안)		
一百块(元) yìbǎi kuài(yuán) 100콰이(위안)		

1 녹음 속의 대화를 잘 듣고, 보기 중 관련 있는 사진을 고르세요. 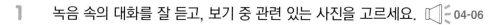 04-06

A

B

C

2 녹음 속의 대화를 잘 듣고, 질문에 대한 알맞은 답을 고르세요. 04-07

A 四个人　　　　　　B 三个人　　　　　　C 两个人

3 빈칸에 들어갈 알맞은 단어를 찾으세요.

> 在这儿吃(　　)打包?
> Zài zhèr chī (　　) dǎbāo?

A 点 diǎn　　　B 好的 hǎo de　　　C 还是 háishi　　　D 你 nǐ

4 주어진 단어들을 올바른 문장으로 배열하여 쓰세요.

| 要 | 香菜 | 不 | 放 |
| yào | xiāngcài | bù | fàng |

중국어 : _____ 。

병음 : _____ .

골든벨 QUIZ & 빙고게임

활용 방법

① 1~7번은 선생님이 내 주신 문제를 듣고 써 보는 문제이며, 8~9번은 주어진 한자를 보고 그 뜻을 쓰는 형식의 문제입니다.

② 학생들은 잘 듣고, 혹은 잘 보고 문제의 정답을 골든벨 퀴즈판에 순서대로 적습니다.

③ 선생님은 맞은 개수에 따라서 본 책 가장 마지막 페이지에 있는 '칭찬도장판'에 도장을 찍어 줍니다.

④ 골든벨 퀴즈판은 '주요 단어' 및 '교체 연습'에 나오는 단어로 '빙고게임'으로도 활용이 가능합니다.

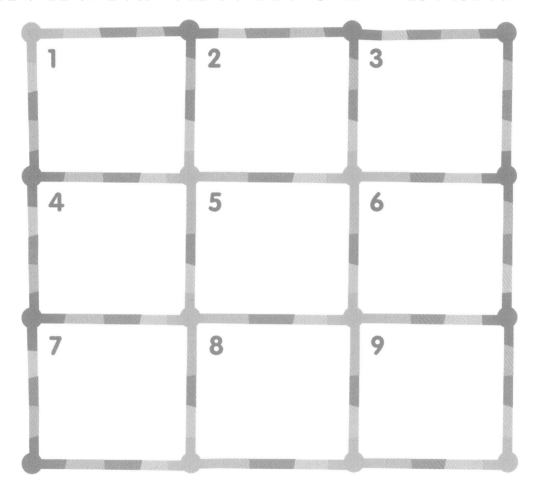

문제 예시

1. '几位?'는 '몇 분이세요?'라는 뜻이다. (O/X)
2. '打包'는 '세트'라는 뜻이다. (O/X)
3. '一共'의 뜻을 쓰시오.
4. '一号套餐'의 뜻을 쓰시오.
5. '欢迎光临!'의 뜻을 쓰시오.
6. '您要点什么?'의 뜻을 쓰시오.
7. '在这儿吃还是打包?'의 뜻을 쓰시오.
8. '矿泉水' 이 한자를 보고 뜻을 쓰시오.
9. '冰淇淋' 이 한자를 보고 뜻을 쓰시오.

이럴 땐 이런 표현

》 카페에서 주문하기!

해석

❶ 아메리카노 한 잔, 카페라떼 한 잔 주세요.

❷ 핫초코 한 잔과 아이스초코 한 잔 주세요.

❸ 과일 주스(오렌지 주스) 한 잔 주세요.

❹ 커피 리필 되나요?

간체자 쓰기

*중국에서 자주 쓰이는 한자입니다. 따라 쓰고 읽으며 연습해 보세요.

欢 欢 欢 欢 欢 欢　　迎 迎 印 印 卯 迎 迎

欢	迎			
huān	yíng			
환영하다				

几 几　　位 位 位 位 位 位 位

几	位			
jǐ	wèi			
몇 분 [존칭, 인원을 세는 단위]				

不 不 不 不　　要 要 要 要 要 要 要 要 要

不	要			
bú	yào			
~하지 마라				

套 套 套 套 套 套 套 套 套 套　　餐 餐 餐 餐 餐 餐 餐 餐 餐 餐 餐 餐 餐 餐 餐 餐

套	餐			
tào	cān			
세트 (메뉴)				

打 打 打 打 打　　包 勺 匀 匀 包

打	包			
dǎ	bāo			
포장하다				

원리 한자

번호	간체자	번체자	번체자 훈(訓 뜻)과 독음(讀音 소리)
1	欢迎光临	歡迎光臨	歡 기쁠 **환**, 迎 맞을 **영**, 光 빛 **광**, 臨 임할 **림**
2	几位	幾位	幾 몇 **기**(几 안석 **궤**), 位 자리 **위**
3	点	點	點 점 **점**
4	不要	不要	不 아닐 **부/불**, 要 요긴할/중요할 **요**
5	香菜	香菜	香 향기 **향**, 菜 나물 **채**
6	套餐	套餐	套 씌울 **투**, 餐 밥 **찬**
7	还是	還是	還 돌아올 **환**, 是 옳을 **시**
8	打包	打包	打 칠 **타**, 包 쌀 **포**

🔍 包 쌀 포

무언가를 꾸리거나 싼다는 뜻으로, 다른 한자와 함께 쓰이면 주로 '포'라는 독음으로 사용됩니다.

▷ 包 = 勹 쌀포몸 + 巳 뱀 **사**(갓난아기를 나타냄): (갓난아기를) 쌀 **포**
▷ 抱 = 扌(手) 손 **수** + 包 안을 **포**: (손으로 감싸서) 안을 **포**
▷ 泡 = 氵(水) 물 **수** + 包 안을 **포**: (물에서 생기는) 거품 **포**
▷ 飽 = 食 밥 **식** + 包 안을 **포**: (밥을 먹어서) 배부를 **포**

• 抱擁(포옹)
  서로 꼭 껴안음
  (擁 안을 **옹**)
• 飽食(포식)
  배부르게 먹음
  (食 먹을 **식**)

🔍 香 향기 향

햇볕에 잘 익은 벼를 수확하여 밥을 지을 때 나는 좋은 향기를 나타냅니다.

▷ 香 = 禾 벼 **화** + 日 해 **일**:
  (햇볕에 잘 익은 벼를 수확하여 밥을 지을 때 나는) 향기 **향**
▷ 秉 = 禾 벼 **화** + 彐 손: (손으로 벼를) 잡을 **병**
▷ 兼 = 禾 벼 **화** + 禾 벼 **화** + 彐 손:
  (두 벼를 손으로 동시에 잡고 있는) 겸할 **겸**
▷ 謙 = 言 말씀 **언** + 兼 겸할 **겸**: (여러 번 겸하여 말을 하는) 겸손할 **겸**

• 香水(향수)
  향기가 나는 물
• 兼用(겸용)
  하나를 가지고 여러 명
  이 겸하여 같이 사용함

复习1

Fùxí 1

Review 1

복습1

학습 목표

제1~4과에서 학습한 상황 회화 표현을 말할 수 있어요.

 **복습**

먼저 왼쪽의 한글만 보고 중국어 표현으로 말해 보세요. 잘 생각나지 않을 때는 오른쪽의 중국어 문장을 참고해서 연습해 보세요.

◻ 상황 1 (제1과 상황 회화 1)

🎬 **중국 공항 도착 후 인포메이션 센터에서**

보배   실례합니다. 공항버스는 어디서 타나요?

직원   앞쪽으로 쭉 가시면 바로 거기예요.

보배   감사합니다.

◻ 상황 2 (제1과 상황 회화 2)

🎬 **공항버스 매표소에서**

보배   안녕하세요. 베이징역에 가려고 하는데 어느 버스를 타야 하나요?

직원   공항버스 노선1을 타면 됩니다.

보배   차비는 얼마예요?

직원   성인은 20위안, 어린이는 10위안입니다.

보배   어른 2명, 어린이 1명 표 주세요.

직원   네. 모두 50위안입니다.

宝贝　请问，在哪儿坐机场大巴？

职员　一直往前走就是。　Yìzhí wǎng qián zǒu jiù shì.

宝贝　谢谢。

宝贝　你好，去北京站坐什么车？

职员　机场大巴一号线。　Jīchǎng dàbā yī hàoxiàn.

宝贝　车票多少钱？

职员　成人二十元，儿童十元。　Chéngrén èrshí yuán, értóng shí yuán.

宝贝　我要两张成人票，一张儿童票。

职员　好的，一共五十元。　Hǎo de, yígòng wǔshí yuán.

◯ 상황 3 (제2과 상황 회화 1)

🎬 택시 탈 때

기사 　안녕하세요! 어디 가십니까?

보배 　베이징수도국제공항이요.

기사 　알겠습니다. 안전벨트 매 주세요.

🎬 공항에 도착해서

기사 　도착했습니다.

보배 　기사님, 돈 여기 있습니다. 영수증 주세요.

◯ 상황 4 (제2과 상황 회화 2)

🎬 지하철 탈 때

보배 　　실례지만 톈안먼 가려면 여기서 타나요?

중국인1 　아니요. 맞은편에서 타세요.

🎬 지하철 탄 후

보배 　　말씀 좀 묻겠습니다. 이번 역이 톈안먼인가요?

중국인2 　아니요. 다음 역입니다.

🎬 지하철 내린 후

보배 　　실례합니다. 톈안먼은 몇 번 출구인가요?

중국인3 　2번 출구입니다.

보배 　　감사합니다.

师傅　您好！您去哪儿？　Nín hǎo! Nín qù nǎr?

宝贝　首都国际机场。

师傅　好的，请系好安全带。　Hǎo de, qǐng jìhǎo ānquándài.

师傅　到了。　Dào le.

宝贝　师傅，给你钱，我要发票。

宝贝　不好意思，请问到天安门在这儿坐车吗？

中国人1　不是，在对面坐。　Bú shì, zài duìmiàn zuò.

宝贝　请问这一站是天安门吗？

中国人2　不，是下一站。　Bù, shì xià yí zhàn.

宝贝　请问天安门是几号出口？

中国人3　二号出口。　Èr hào chūkǒu.

宝贝　谢谢。

◻ **상황 5** (제3과 상황 회화 1)

🎬 호텔을 찾을 때

보배   실례합니다. 베이징호텔은 어떻게 가나요?

중국인1 앞쪽으로 계속 가다가 신호등에서 오른쪽으로 가면 됩니다.

보배   얼마나 걸리나요?

중국인1 걸어서 5분 정도 걸립니다.

보배   감사합니다.

◻ **상황 6** (제3과 상황 회화 2)

🎬 식당을 찾을 때

보배   실례합니다. 하이디라오 샤브샤브 가게는 어떻게 가나요?

중국인2 앞쪽으로 계속 가다가 두 번째 사거리에서 왼쪽으로 돌면 바로 보입니다.

보배   먼가요?

중국인2 그다지 멀지 않습니다. 걸어서 7분 정도면 도착합니다.

보배   감사합니다.

宝贝   请问。北京大酒店怎么走?

中国人1 一直往前走,在红绿灯往右拐。
        Yìzhí wǎng qián zǒu, zài hónglǜdēng wǎng yòu guǎi.

宝贝   需要多长时间?

中国人1 走路五分钟左右。   Zǒulù wǔ fēnzhōng zuǒyòu.

宝贝   谢谢。

宝贝   请问,海底捞火锅怎么走?

中国人2 一直往前走,在第二个十字路口往左拐就是。
        Yìzhí wǎng qián zǒu, zài dì èr ge shízì lùkǒu wǎng zuǒ guǎi jiù shì.

宝贝   远吗?

中国人2 不太远,走路七分钟就到。
        Bú tài yuǎn, zǒulù qī fēnzhōng jiù dào.

宝贝   谢谢。

○ 상황 7 (제4과 상황 회화 1)

🎬 식당에서

종업원   어서 오세요! 몇 분이세요?

보배   세 명이에요.

종업원   이쪽으로 오세요. 여기 앉으세요! 어떤 걸로 주문하시겠습니까?

보배   이거 하나, 이거 두 개, 밥 세 공기, 그리고 생수 한 병과 콜라 한 병 주세요.

종업원   주문하신 거 확인하겠습니다. …… 맞나요?

보배   맞습니다. 참! 고수는 넣지 말아 주세요.

종업원   알겠습니다. 모두 159위안입니다.

보배   네. 영수증 주세요.

○ 상황 8 (제4과 상황 회화 2)

🎬 패스트푸드점에서

종업원   안녕하세요! 어떤 걸로 주문하시겠어요?

보배   세트 1번 하나랑 세트 2번 두 개 주세요.

종업원   여기서 드시나요, 포장해서 가시나요?

보배   여기서 먹습니다.

종업원   총 57위안입니다.

보배   여기 있습니다.

服务员　欢迎光临！几位？　Huānyíng guānglín! Jǐ wèi?

宝贝　三个人。

服务员　这边请。……请坐！　Zhè biān qǐng ...... Qǐng zuò!

服务员　您要点什么？　Nín yào diǎn shénme?

宝贝　这个要一个，这个要两个，还要三碗饭，
一瓶矿泉水，还有一瓶可乐。

服务员　好的。……这些是吗？　Hǎo de. ...... Zhèxiē shì ma?

宝贝　对。对了，不要放香菜。

宝贝　服务员，买单。

服务员　好的，……一共一百五十九块。　Hǎo de, ... yígòng yìbǎi wǔshíjiǔ kuài.

宝贝　……我要发票。

服务员　欢迎光临！您要点什么？　Huānyíng guānglín! Nín yào diǎn shénme?

宝贝　一号套餐一个，二号套餐两个。

服务员　在这儿吃还是打包？　Zài zhèr chī háishi dǎbāo?

宝贝　在这儿吃。

服务员　一共五十七块。　Yígòng wǔshíqī kuài.

宝贝　给你钱。

중국어 실력 점검 TEST 1회

듣기 영역

제1부분 (1~3번)

녹음을 듣고, 사진과 일치하면 O, 틀리면 X 표시를 하세요.

1.	
2.	
3.	

제2부분 (4~5번)

녹음을 듣고, 일치하는 사진의 알파벳을 쓰세요.

A.

B.

C.

D.

4. .... [   ]

5. .... [   ]

제3부분 (6~8번)

녹음을 듣고, 질문에 일치하는 답을 선택하세요.

6. .... [   ]

A. 一直走
yìzhí zǒu

B. 往左拐
wǎng zuǒ guǎi

C. 往右拐
wǎng yòu guǎi

D. 往前走
wǎng qián zǒu

7. .... [   ]

A. 矿泉水
kuàngquánshuǐ

B. 米饭
mǐfàn

C. 糖醋肉
tángcùròu

D. 可乐
kělè

8. .... [   ]

A. 在这儿吃
zài zhèr chī

B. 打包
dǎbāo

C. 在那儿吃
zài nàr chī

D. 不吃
bù chī

제4부분 (9~10번)

녹음을 듣고, 질문에 일치하는 답을 선택하세요.

9. ⋯⋯⋯⋯⋯⋯⋯⋯⋯⋯⋯⋯⋯⋯⋯⋯⋯⋯⋯⋯⋯ [　　]

　　A. 五号线　　　　　B. 二十块
　　　wǔ hàoxiàn　　　　　èrshí kuài

　　C. 十块　　　　　　D. 十五块
　　　shí kuài　　　　　　shíwǔ kuài

10. ⋯⋯⋯⋯⋯⋯⋯⋯⋯⋯⋯⋯⋯⋯⋯⋯⋯⋯⋯⋯ [　　]

　　A. 第一个　　　　　B. 第二个
　　　dì yī ge　　　　　　dì èr ge

　　C. 第三个　　　　　D. 第四个
　　　dì sān ge　　　　　　dì sì ge

독해 영역

제1부분 (11~12번)

제시된 문장과 관련 있는 사진을 찾으세요.

A.

B.

C.

D.

11. ⋯⋯⋯⋯⋯⋯⋯⋯⋯⋯⋯⋯⋯⋯⋯⋯⋯⋯⋯⋯ [　　]

　　A: 请问，海底捞怎么走?
　　　Qǐngwèn, Hǎidǐlāo zěnme zǒu?

　　B: 在十字路口往右拐。
　　　Zài shízì lùkǒu wǎng yòu guǎi.

12. ⋯⋯⋯⋯⋯⋯⋯⋯⋯⋯⋯⋯⋯⋯⋯⋯⋯⋯⋯⋯ [　　]

　　A: 一号套餐一个，在这儿吃。
　　　Yī hào tàocān yí ge, zài zhèr chī.

　　B: 好的，一共四十五元。
　　　Hǎo de, yígòng sìshíwǔ yuán.

제2부분 (13~14번)

보기를 보고 괄호 안에 들어갈 알맞은 단어를 찾으세요.

> A. 瓶   B. 还是   C. 还有   D. 碗
>   píng   háishi   háiyǒu   wǎn

13. ·· [   ]

在这儿吃(   )打包?
Zài zhèr chī (   ) dǎbāo?

14. ·· [   ]

我要一(   )米饭和一瓶矿泉水。
Wǒ yào yì (   ) mǐfàn hé yì píng kuàngquánshuǐ.

제3부분 (15~17번)

서로 관련된 문장을 고르세요.

> A. 机场到了，一共五十二元。
>   Jīchǎng dào le, yígòng wǔshíèr yuán.
> B. 不，这一站是天安门。
>   Bù, zhè yí zhàn shì Tiān'ānmén.
> C. 请问北京大酒店远吗？
>   Qǐngwèn Běijīng Dàjiǔdiàn yuǎn ma?

15. ·· [   ]

不远，五分钟就到。
Bù yuǎn, wǔ fēnzhōng jiù dào.

16. ·· [   ]

下一站是天安门吗？
Xià yí zhàn shì Tiān'ānmén ma?

17. ·· [   ]

谢谢师傅，给您钱。
Xièxie shīfu, gěi nín qián.

제4부분 (18~20번)

단어를 조합하여 올바른 문장을 만드세요.

18. 香菜 / 放 / 不要
    xiāngcài fàng   búyào

_____。

_____.

19. 点 / 您 / 要 / 什么
    diǎn nín yào shénme

_____？

_____？

20. 五分钟 / 走路 / 就 / 到
    wǔ fēnzhōng zǒulù   jiù   dào

_____。

_____.

第六课

购物
Gòuwù

Shopping
물건 사기

주요 단어 📢 06-01

번호	단어	병음	한글 뜻	영어 뜻
1	老板	lǎobǎn	사장, 주인	boss, owner
2	能	néng	~할 수 있다	can
3	便宜	piányi	저렴하다	cheap
4	(一)点儿	(yì)diǎnr	조금, 좀	a little, a few
5	吧	ba	권유의 표현	why don't you ~
6	再	zài	더, 다시	again, more
7	不行	bù xíng	안 돼요	no way
8	那(么)	nà(me)	그러면	in that way, then
9	等一下	děng yíxià	잠시만 기다리세요	wait a second

🎬 상점에서 (在商店 zài shāngdiàn)

宝贝 老板，这个多少钱?
Lǎobǎn, zhège duōshao qián?

老板 十二块。
Shí'èr kuài.

宝贝 那个呢?
Nàge ne?

老板 二十四块。
Èrshísì kuài.

宝贝 能不能便宜点儿?
Néng bu néng piányi diǎnr?

老板 您要几个?
Nín yào jǐ ge?

宝贝 这个要两个。
Zhège yào liǎng ge.

老板 两个二十块吧。
Liǎng ge èrshí kuài ba.

宝贝　　再便宜点儿吧。
　　　　Zài piányi diǎnr ba.

老板　　不行。
　　　　Bù xíng.

宝贝　　好吧，那我不要了。
　　　　Hǎo ba, nà wǒ búyào le.

老板　　等一下，那两个十八吧，再不能便宜了。
　　　　Děng yíxià, nà liǎng ge shíbā ba, zài bù néng piányi le.

宝贝　　谢谢！
　　　　Xièxie!

📹 상점에서 (在商店 zài shāngdiàn)

宝贝

老板，这个多少钱？

十二块。
老板

宝贝

那个呢？

二十四块。
老板

宝贝

能不能便宜点儿？

您要几个？
老板

宝贝

这个要两个。

两个二十块吧。
老板

宝贝	How much is it?
老板	Twelve yuan.
宝贝	What about that one?
老板	Twenty four yuan.
宝贝	Can you give me a discount?
老板	How many do you want?
宝贝	I want two of these.
老板	Twenty yuan for two then.

宝贝

再便宜点儿吧。

不行。

老板

宝贝

好吧，那我不要了。

等一下，那两个十八吧，再不能便宜了。

老板

宝贝

谢谢！

宝贝	Please make it cheaper.
老板	Sorry.
宝贝	Fine, maybe next time.
老板	Wait a second, what about two for eighteen yuan?
	It couldn't be cheaper.
宝贝	Thanks!

01 **교체 연습** 替换练习 tìhuàn liànxí　　　　　06-03

어휘를 바꾸어 다양한 표현으로 연습해 보세요.

(1)

1	이것	这个 zhège
2	한 개	一个 yí ge
3	두 근	两斤 liǎng jīn
4	세 병	三瓶 sān píng
5	네 장	四张 sì zhāng

多少钱?
duōshao qián?
얼마인가요?

(2)

请问, ＿＿＿＿＿＿ 在哪儿? 실례지만 ＿＿＿＿＿＿ 은 어디에 있나요?

Qǐngwèn, ＿＿＿＿＿＿ zài nǎr?

단어 힌트 超市 chāoshì 슈퍼, 마트 | 百货商店 bǎihuò shāngdiàn 백화점 | 洗手间 xǐshǒujiān 화장실 |
便利店 biànlìdiàn 편의점 | 电梯 diàntī 엘리베이터 | 储物柜 chǔwùguì (물품)보관함

1 点儿

'약간', '조금'이란 뜻으로 보통 앞에 一 또는 有를 붙여서 함께 사용하는데, 일반적으로 一点儿은 동사나 형용사 뒤에 사용되고, 有点儿은 동사나 형용사 앞에 사용합니다. 有点儿은 약간의 불만족이나 부정적인 느낌을 나타낼 때 사용합니다.

> 예 便宜一点儿。 Piányi yìdiǎnr. 조금 싸게 해주세요.
>
> 有点儿贵。 Yǒu diǎnr guì. 조금 비싸요.

2 어기조사 吧

어기조사란 문장의 맨 끝에 '吗 ma', '了 le', '吧 ba', '呢 ne', '的 de', '啊 a' 등을 사용하여 문장의 의미나 말하는 사람의 감정을 보다 분명하게 자연스럽게 전달하고 말투를 만드는 역할을 하는 것으로, 성조는 경성으로 가볍게 읽어주면 됩니다.

> 예 好吗? Hǎo ma? OK?   好了。 Hǎo le. (지금은) OK.
>
> 好吧。 Hǎo ba. OK.   好的。 Hǎo de. OK.
>
> 好啊。 Hǎo a. OK.   ~呢? ~ne? And~?

① 어기조사 吧는 추측의 의미를 나타내는 의문문으로 사용되며 이때는 보통 '~(이)죠?'라고 해석하면 그 뜻이 분명해집니다.

> 예 你是韩国人吧? Nǐ shì Hánguórén ba? 당신은 한국 사람이죠?

② 어기조사 吧는 나를 포함해서 말할 때는 '~하자!', '~합시다!'라는 제안의 의미로 사용되고 나를 포함하지 않고 상대방에게 말할 때는 '~(하)세요!'라는 권유나 명령의 의미로 사용됩니다.

> 예 我们走吧。 Wǒmen zǒu ba. 우리 갑시다.
>
> 快吃吧。 Kuài chī ba. 얼른 드세요.

③ 내가 하겠다는 동의의 의미로 来와 함께 사용하여 '~(제가) 할게요', 好와 함께 사용하여 '좋아요', 'OK'라는 어감으로 사용됩니다.

> 예 我来吧。 Wǒ lái ba. 제가 할게요.
>
> 好吧。 Hǎo ba. 좋아요.

여행꿀팁!

중국에서 과일 구입하기

중국에서는 과일 등을 팔 때, 개수가 아닌 근(斤 jīn 500g)의 단위로 팝니다. 그러므로 1개를 구입하더라도 그 무게를 달아서 계산하므로 근으로 적혀있는 가격에 오해하지 말아야 합니다.

> 예 西瓜两块五一斤 xīguā liǎng kuài wǔ yì jīn 수박 한 근에 2.5위안

1 녹음 속의 대화를 잘 듣고, 보기 중 관련 있는 사진을 고르세요. 🔊06-04

A

B

C
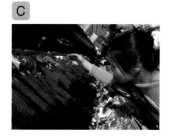

2 녹음 속의 대화를 잘 듣고, 질문에 대한 알맞은 답을 고르세요. 🔊06-05

A 一块   B 两块   C 五块

3 빈칸에 들어갈 알맞은 단어를 찾으세요.

> 老板，这个（　　）钱?
> Lǎobǎn, zhège (　　) qián?

A 吧 ba   B 便宜 piányi   C 那个 nàge   D 多少 duōshao

4 주어진 단어들을 올바른 문장으로 배열하여 쓰세요.

能	便宜	能	不	点儿
néng	piányi	néng	bù	diǎnr

중국어 : _____?

병음 : _____?

골든벨 QUIZ & 빙고게임

활용 방법

① 1~7번은 선생님이 내 주신 문제를 듣고 써 보는 문제이며, 8~9번은 주어진 한자를 보고 그 뜻을 쓰는 형식의 문제입니다.

② 학생들은 잘 듣고, 혹은 잘 보고 문제의 정답을 골든벨 퀴즈판에 순서대로 적습니다.

③ 선생님은 맞은 개수에 따라서 본 책 가장 마지막 페이지에 있는 '칭찬도장판'에 도장을 찍어 줍니다.

④ 골든벨 퀴즈판은 '주요 단어' 및 '교체 연습'에 나오는 단어로 '빙고게임'으로도 활용이 가능합니다.

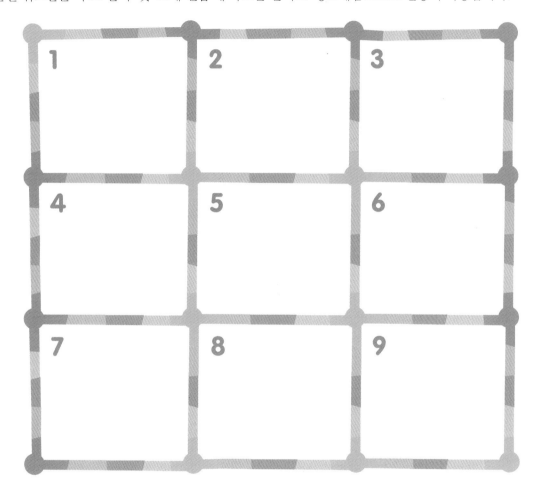

문제 예시

1. '老板'은 '종업원'이라는 뜻이다. (O/X)
2. '便宜'는 '비싸다'라는 뜻이다. (O/X)
3. '等一下'의 뜻을 쓰시오.
4. '不行'의 뜻을 쓰시오.
5. '多少钱?'의 뜻을 쓰시오.
6. '您要几个?'의 뜻을 쓰시오.
7. '两个二十块'의 뜻을 쓰시오.
8. '吃' 이 한자를 보고 뜻을 쓰시오.
9. '再' 이 한자를 보고 뜻을 쓰시오.

≫ 환불 요청하기!

해석

❶ 사장님, 이건 좀 전에 산 건데, 다른 걸로 바꿔 주실 수 있나요?

❷ 여기에 흠집이 좀 있어요. 다른 걸로 교환해 주세요.

❸ 환불해 주실 수 있나요?

❹ 영수증 여기 있습니다.

钱 钱 钱 钱 钱 钱 钱 钱 钱 钱

钱				
qián				
돈				

元 元 元 元

元				
yuán				
위안(원)				

两 两 两 两 两 两 两 　　　 个 个 个

两	个			
liǎng	ge			
	두 개			

十 十 　　　 块 块 块 块 块 块 块

十	块			
shí	kuài			
	10위안			

一 　　　 斤 斤 斤 斤

一	斤			
yì	jīn			
	한 근			

 **원리 한자**

번호	간체자	번체자	번체자 훈(訓 뜻)과 독음(讀音 소리)
1	老板	老板	老 늙을 로, 板 널빤지 반
2	能	能	能 능할 능
3	便宜	便宜	便 편할 편, 宜 마땅 의
4	(一)点儿	(一)點兒	(一 하나 일)點 점 점, 兒 아이 아
5	吧	吧	吧 아이 다툴 파
6	再	再	再 다시 재
7	不行	不行	不 아닐 부/불, 行 다닐 행
8	那(么)	那(麼)	那 어찌 나(麼 작을 마)
9	等一下	等一下	等 무리 등, 一 하나 일, 下 아래 하

老 늙을 로

허리가 구부러진 나이 많은 사람(耂)이 지팡이(匕)를 짚고 있는 모습으로, 다른 글자와 함께 사용할 때는 '耂'의 형태로도 쓰입니다.

▷ 孝 = 耂 늙을 로 + 子 아들 자:
　　(늙은 부모님을 자식이 업고 다니는) 효도 효
▷ 酵 = 酉 술 유 + 孝 효도 효: (술이 되는 과정에서) 삭힐/발효 효
▷ 煮 = 者 놈 자 + 灬(火) 불 화: (누군가 불을 때서) 삶을 자

 관련 어휘

• 老人(노인)
　늙은 사람
• 孝女(효녀)
　효도하는 딸

便 편할 편(pián) / 똥오줌 변(biàn)

사람(亻)이 편하도록 자꾸 고치려고(更) 한다는 의미입니다. 본래는 '대소변'을 뜻했으나 대소변이 해결되면 몸이 편해지므로 후에 '편하다'라는 뜻으로 함께 쓰이게 되었습니다.

▷ 便 = 亻 사람 인 + 更 고칠 갱:
　　(사람이 쓰기 편하게 고치는) 편할 편 / 똥오줌 변
▷ 鞭 = 革 가죽 혁 + 便 편할 편: (가죽으로 만든) 채찍 편
▷ 緶 = 糸 실 사 + 便 편할 편: (실로) 꿰맬 편

관련 어휘

• 不便(불편)
　편하지 아니한 것
• 便器(변기)
　대소변을 받아내는 그릇

第七课

在酒店
Zài jiǔdiàn
At the hotel
호텔에서

학습 목표

호텔에서 체크인 / 체크아웃할 때 필요한 표현을 말할 수 있어요.

주요 단어 🔊 07-01

번호	단어	병음	한글 뜻	영어 뜻
1	酒店(= 宾馆 bīnguǎn)	jiǔdiàn	호텔	hotel
2	办理	bànlǐ	처리하다	deal with, go through the procedures
3	入住	rùzhù	체크인하다	check-in
4	预约	yùyuē	예약하다	make a reservation
5	预约单	yùyuēdān	예약증	booking voucher
6	出示	chūshì	제시하다	show
7	护照	hùzhào	여권	passport
8	押金	yājīn	보증금	deposit
9	签名	qiānmíng	서명하다	sign
10	房卡	fángkǎ	방 열쇠 카드	room card
11	退房	tuìfáng	체크아웃하다	check-out
12	收据	shōujù	영수증	receipt
13	寄存	jìcún	맡겨두다	leave, check
14	拿	ná	잡다, 가지다	take, get

🎬 **체크인할 때** (入住时 rùzhù shí)

宝贝　你好! 我想办理入住。
Nǐ hǎo! Wǒ xiǎng bànlǐ rùzhù.

前台接待　您预约了吗?
Nín yùyuē le ma?

宝贝　这是预约单。
Zhè shì yùyuēdān.

前台接待　请您出示护照。
Qǐng nín chūshì hùzhào.

宝贝　给你。
Gěi nǐ.

（잠시 후）

前台接待　押金两百块，请在这里签名。
Yājīn liǎng bǎi kuài, qǐng zài zhèlǐ qiānmíng.

您的房间在十五楼1503号，这是房卡。
Nín de fángjiān zài shíwǔ lóu yāo wǔ líng sān hào, zhè shì fángkǎ.

宝贝　早餐从几点到几点?
Zǎocān cóng jǐ diǎn dào jǐ diǎn?

前台接待　七点到九点，在二楼。
Qī diǎn dào jiǔ diǎn, zài èr lóu.

宝贝　　　你好，退房。
　　　　　Nǐ hǎo, tuìfáng.

前台接待　好的，请给我您的房卡和押金收据。
　　　　　Hǎo de, qǐng gěi wǒ nín de fángkǎ hé yājīn shōujù.

　　　　　(잠시 후)

前台接待　这是您的押金两百块。
　　　　　Zhè shì nín de yājīn liǎng bǎi kuài.

宝贝　　　可以寄存行李吗？
　　　　　Kěyǐ jìcún xíngli ma?

前台接待　可以，请在这里签名。
　　　　　Kěyǐ, qǐng zài zhèlǐ qiānmíng.

　　　　　拿行李的时候请出示寄存单。
　　　　　Ná xíngli de shíhou qǐng chūshì jìcúndān.

📋 체크인할 때 (入住时 rùzhù shí)

宝贝

你好，我想办理入住。

您预约了吗？

前台接待

宝贝

这是预约单。

请您出示护照。

前台接待

宝贝

给你。

押金两百块，请在这里签名。
您的房间在十五楼1503号，这是房卡。

前台接待

宝贝

早餐从几点到几点？

七点到九点，在二楼。

前台接待

宝贝	Hello, I'd like to check-in.
前台接待	Do you have a reservation?
宝贝	Here's my booking voucher.
前台接待	Your passport, please.
宝贝	Here you are.
前台接待	We have two hundred yuan deposit. Please sign here.
	Your room is 1503 on the 15th floor. Here is your room card.
宝贝	What time does the breakfast start?
前台接待	From seven to nine am on the second floor.

체크아웃할 때 (退房时 tuìfáng shí)

宝贝

你好，退房。

好的，请给我您的房卡和押金收据。

前台接待

这是您的押金两百块。

前台接待

宝贝

可以寄存行李吗？

可以，请在这里签名。
拿行李的时候请出示寄存单。

前台接待

宝贝	Hello, check-out please.
前台接待	Ok, please give me your room card and the receipt for the deposit.
前台接待	This is your deposit of two hundred yuan.
宝贝	Can I leave my luggage here?
前台接待	Yes, please sign here.
	Please show me the storage receipt when you take your luggage back.

01 교체 연습 替换练习 tìhuàn liànxí 🔊 07-03

어휘를 바꾸어 다양한 표현으로 연습해 보세요.

(1)

1	전등	灯 dēng
2	텔레비전	电视 diànshì
3	냉장고	冰箱 bīngxiāng
4	세면대	洗漱台 xǐshùtái
5	리모컨	遥控器 yáokòngqì

坏了
huài le
고장 났어요

(2)

你好! 我要(一个)＿＿＿＿＿＿＿。 안녕하세요! ＿＿＿＿＿＿＿ (하나) 주세요.

Nǐ hǎo! Wǒ yào (yí ge) ＿＿＿＿＿＿＿.

❶  ❷  ❸

❹  ❺  ❻

단어 힌트 毛巾 máojīn 수건 ｜ 毯子 tǎnzi 담요 ｜ 卫生纸 wèishēngzhǐ 화장지 ｜
拖鞋 tuōxié 슬리퍼 ｜ 牙刷 yáshuā 칫솔 ｜ 牙膏 yágāo 치약

02 이해하기 了解汉语 liǎojiě Hànyǔ

1 幺 yāo

숫자 '1'을 '幺 yāo'라고 읽는 경우는 전화번호, 방번호, 차량번호와 같이 숫자들을 연이어 말할 때 一의 발음이 七와 유사하여 발음상 확실하게 구분하기 위해 yāo라고 발음합니다.

예 010-1234-7171 líng yāo líng - yāo èr sān sì - qī yāo qī yāo

2 到의 용법

① 동사로 쓰일 때는 '도착하다', '도달하다'라는 의미로 사용됩니다.

예 十点到。 Shí diǎn dào. 10시에 도착해.
　　到了吗? Dào le ma? 도착했어요?

② 다른 동사 뒤에 쓰여서 그 동작의 결과나 목적을 이루었음을 나타내는 결과보어의 의미로 사용됩니다.

예 那本书我买到了。 Nà běn shū wǒ mǎidào le. 나는 그 책을 샀다.
　　没想到。 Méi xiǎngdào. 생각지도 못했다.

③ 개사(전치사)로 쓰여 '~까지', '~(으)로'라는 의미로 사용됩니다.

예 从两点到三点 cóng liǎng diǎn dào sān diǎn 2시부터 3시까지
　　从这儿到你家怎么走? 여기서부터 너의 집까지 어떻게 가?
　　Cóng zhèr dào nǐ jiā zěnme zǒu?

중국 호텔의 명칭

근대시기 이전의 중국에서는 객잔(客栈 kèzhàn)이 오늘날의 호텔 역할을 했는데, 숙소(宾 손님) 제공뿐만 아니라 음식(飯)과 술(酒)도 함께 팔았습니다. 그래서 오늘날 중국 호텔의 명칭은 대부분 飯店(반점), 酒店 (주점), 宾馆(빈관) 등의 명칭을 쓰고 있는 경우가 많습니다.

> **도움 되는 단어**

(大)酒店 (dà)jiǔdiàn (대)주점 | **(大)饭店** (dà)fàndiàn (대)반점 | **宾馆** bīnguǎn 빈관

1 녹음 속의 대화를 잘 듣고, 보기 중 관련 있는 사진을 고르세요. 🔊 07-04

A

B

C

2 녹음 속의 대화를 잘 듣고, 질문에 대한 알맞은 답을 고르세요. 🔊 07-05

A 10块   B 200块   C 190块

3 빈칸에 들어갈 알맞은 단어를 찾으세요.

> 早餐从几点(   )几点?
> Zǎocān cóng jǐ diǎn (   ) jǐ diǎn?

A 有 yǒu   B 是 shì   C 在 zài   D 到 dào

4 주어진 단어들을 올바른 문장으로 배열하여 쓰세요.

寄存 jìcún   吗 ma   可以 kěyǐ   行李 xíngli

중국어 : _____ ?

병음 : _____ ?

골든벨 QUIZ & 빙고게임

활용 방법

① 1~7번은 선생님이 내 주신 문제를 듣고 써 보는 문제이며, 8~9번은 주어진 한자를 보고 그 뜻을 쓰는 형식의 문제입니다.

② 학생들은 잘 듣고, 혹은 잘 보고 문제의 정답을 골든벨 퀴즈판에 순서대로 적습니다.

③ 선생님은 맞은 개수에 따라서 본 책 가장 마지막 페이지에 있는 '칭찬도장판'에 도장을 찍어 줍니다.

④ 골든벨 퀴즈판은 '주요 단어' 및 '교체 연습'에 나오는 단어로 '빙고게임'으로도 활용이 가능합니다.

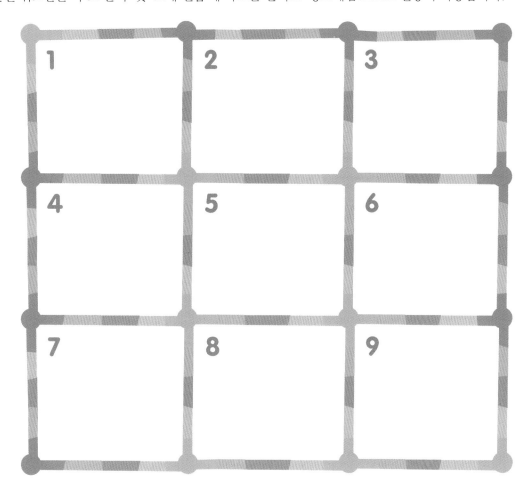

문제 예시

1. '预约'는 '처리하다'라는 뜻이다. (O/X)
2. '冰箱'은 '냉장고'라는 뜻이다. (O/X)
3. '护照'의 뜻을 쓰시오.
4. '押金'의 뜻을 쓰시오.
5. '房卡'의 뜻을 쓰시오.
6. '请您出示护照'의 뜻을 쓰시오.
7. '押金一百块'의 뜻을 쓰시오.
8. '签名' 이 한자를 보고 뜻을 쓰시오.
9. '收据' 이 한자를 보고 뜻을 쓰시오.

객실에 문제가 발생했을 때!

해석

① 여기는 1207호입니다.

② 화장실 변기가 막혔어요.

③ 샤워할 때 뜨거운 물이 안 나와요.

④ 수건 두 개 더 가져다 주세요.

⑤ 난방 / 에어컨이 안 되네요.

⑥ 이 방에 문제가 좀 있어요. 다른 방으로 바꿀 수 있나요?

간체자 쓰기

* 중국에서 자주 쓰이는 한자입니다. 따라 쓰고 읽으며 연습해 보세요.

氵 氵 氵 洒 洒 洒 洒 酒 酒 酒　　广 广 广 店 店 店 店

酒	店		
jiǔ	diàn		
호텔			

一 寸 才 扩 护 护　　l ll 日 日 旫 旫 旫 照 照 照 照 照 照

护	照		
hù	zhào		
여권			

一 寸 才 押 押 押 押 押　　ノ 人 今 今 全 全 金 金

押	金		
yā	jīn		
보증금			

l ll 收 收 收 收　　一 寸 才 护 护 护 护 据 据 据

收	据		
shōu	jù		
영수증			

宀 宀 宀 宀 客 客 客 客 客 寄 寄　　一 ナ 才 存 存 存

寄	存		
jì	cún		
맡겨두다			

번호	간체자	번체자	번체자 훈(訓 뜻)과 독음(讀音 소리)
1	酒店	酒店	酒 술 주, 店 전방 점
2	办理	辦理	辦 힘쓸 판, 理 다스릴 리
3	入住	入住	入 들 입, 住 살 주
4	预约	預約	預 미리 예, 約 맺을 약
5	预约单	預約單	預 미리 예, 約 맺을 약, 單 종이 단
6	出示	出示	出 날 출, 示 보일 시
7	护照	護照	護 도울 호, 照 비칠 조
8	押金	押金	押 누를 압, 金 쇠/화폐 금
9	签名	簽(籤)名	簽(籤) 제비(쪽지) 첨, 名 이름 명
10	房卡	房卡	房 방 방, 卡 지킬 잡/음역글자 가
11	退房	退房	退 물러날 퇴, 房 방 방
12	收据	收據	收 거둘 수, 據 근거 거
13	寄存	寄存	寄 부칠 기, 存 있을 존
14	拿	拿	拿 잡을 나

🔍 房 방방

방문이 있는 방이라는 뜻으로, 方(방)은 음으로 사용됩니다.

▷ 房 = 戶 지게(외짝문) **호** + 方 모(방향) **방**: (방문이 있는 곳) 방 **방**

▷ 防 = 阝 언덕 **부** + 方 모 **방**: (언덕으로) 막을 **방**

▷ 訪 = 言 말씀 **언** + 方 모 **방**: (말을 물어서) 찾을 **방**

▷ 肪 = 月(肉) 고기 **육** + 方 모 **방**:
    (고기의 기름을 나타내는) 기름/비계 **방**

▷ 坊 = 土 흙 **토** + 方 모 **방**: (흙을 사용하여 만든 집들이 있는) 동네 **방**

▷ 妨 = 女 여자 **여** + 方 모 **방**: (글공부에 아름다운 여자가) 방해할 **방**

▷ 放 = 方 모 **방** + 攵 / 攴 칠 **복**:
    (적이 정신을 차리도록 때린 뒤 풀어주는) 놓을 **방**

> 관련 어휘
>
> • 房門(방문)
>   방으로 들어가거나
>   나오는 문
>
> • 防水(방수)
>   물을 막는 것
>
> • 訪問(방문)
>   물어서 찾아가는 것

打电话
Dǎ diànhuà
Making phone calls
전화 걸기

第八课

학습 목표

전화를 걸어서 식당 예약을 할 수 있어요.

주요 단어 08-01

번호	단어	병음	한글 뜻	영어 뜻
1	避风塘	Bìfēngtáng	비펑탕(음식점 이름)	Bifengtang restaurant
2	您贵姓?	Nín guì xìng?	성함이 어떻게 되세요?	What's your surname?
3	姓	xìng	성	surname
4	留	liú	남겨놓다	leave
5	到达	dàodá	도착하다	arrive
6	可以	kěyǐ	~할 수 있다	can
7	刷卡	shuākǎ	카드 결제	pay by card
8	现金	xiànjīn	현금	cash
9	手机支付	shǒujī zhīfù	휴대전화 결제	mobile pay

식당에 전화를 걸어서 (给饭店打电话 gěi fàndiàn dǎ diànhuà)

宝贝 　喂，你好！
Wéi, nǐ hǎo!

服务员 　喂，你好！避风塘。
Wéi, nǐ hǎo! Bìfēngtáng.

宝贝 　我想预约。
Wǒ xiǎng yùyuē.

服务员 　什么时候？
Shénme shíhou?

宝贝 　明天下午五点可以吗？
Míngtiān xiàwǔ wǔ diǎn kěyǐ ma?

服务员 　好的，请问几位？
Hǎo de, qǐngwèn jǐ wèi?

宝贝 　三个人。
Sān ge rén.

服务员 　您贵姓？电话留一下。
Nín guì xìng? Diànhuà liú yíxià.

宝贝　　我姓金，电话是18634567890。
Wǒ xìng jīn, diànhuà shì yāo bā liù sān sì wǔ liù qī bā jiǔ líng.

服务员　好的，已经预约好了。
Hǎo de, yǐjīng yùyuē hǎo le.

　　　　请您五点十分前到达。
Qǐng nín wǔ diǎn shí fēn qián dàodá.

宝贝　　好的。啊！对了，可以刷卡吗？
Hǎo de. Ā!　　Duì le, kěyǐ shuākǎ ma?

服务员　现金、刷卡和手机支付都可以。
Xiànjīn、shuākǎ hé shǒujī zhīfù dōu kěyǐ.

宝贝　　好的，谢谢。
Hǎo de, xièxie.

Dialogue 情景对话 qíngjǐng duìhuà

食堂에 전화를 걸어서 (给饭店打电话 gěi fàndiàn dǎ diànhuà)

宝贝　喂，你好！

 服务员　喂，你好！避风塘。

宝贝　我想预约。

 服务员　什么时候？

宝贝　明天下午五点可以吗？

 服务员　好的，请问几位？

宝贝　三个人。

 服务员　您贵姓？电话留一下。

宝贝　　Hello!
服务员　Hello! Bifengtang restaurant.
宝贝　　I'd like to make a reservation.
服务员　When would you like to come in?
宝贝　　Would five o'clock tomorrow afternoon be alright?
服务员　Ok, how many of you?
宝贝　　Three.
服务员　Can I have your surname and your phone number, please?

宝贝

我姓金，电话是18634567890。

好的，已经预约好了。
请您五点十分前到达。

服务员

宝贝

好的。啊！对了，可以刷卡吗？

现金、刷卡，手机支付都可以。

服务员

宝贝

好的，谢谢。

宝贝　　I'm Kim, my phone number is 18634567890.
服务员　Ok, all done.
　　　　Please make sure to arrive before 5:10pm.
宝贝　　Sure, can I pay by card?
服务员　Cash, card and mobile pay are all ok.
宝贝　　OK, thanks.

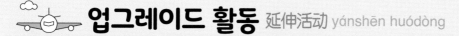
01 교체 연습 替换练习 tìhuàn liànxí

🔊 08-03

어휘를 바꾸어 다양한 표현으로 연습해 보세요.

(1)

1		카드로 결제하다	**刷卡** shuākǎ	
2		사진 찍다	**拍照** pāizhào	
3	**可以** Kěyǐ 할 수 있다	빌리다	**借给我** jiè gěi wǒ	**吗?** ma? 요?
4		맛보다	**尝一尝** cháng yī cháng	
5		입어 보다 / 신어 보다	**试一试** shì yī shì	

(2)

已经＿＿＿＿＿＿＿**好了。** 이미 (다) ＿＿＿＿＿＿＿ 했어요.

Yǐjīng ＿＿＿＿＿＿＿ hǎo le.

단어 힌트 做 zuò 만들다 | 写 xiě 쓰다 | 买 mǎi 사다 | 吃 chī 먹다 |
准备 zhǔnbèi 준비하다 | 整理 zhěnglǐ 정리하다

02 이해하기 了解汉语 liǎojiě Hànyǔ

1 避风塘 Bìfēngtáng

중국 전역에 체인점을 가지고 있는 중국 딤섬 Express로, 가격이 비싸지 않고 종류도 다양한 깨끗한 홍콩식 레스토랑입니다. 외국인을 위해 사진이 있는 영어메뉴가 있고 인기메뉴 추천과 매운맛 표시도 되어 있어 주문하기 편리하며 한국인 입맛에도 잘 맞습니다.

避风塘의 뜻은 옛날 광동지역 해안가에 있던 '바람막이 방죽(물이 밀려오는 것을 막기 위해 쌓은 둑)'을 말하는 것으로 이곳에서 배고픈 어부들이 간단하게 음식을 먹었다고 한 데서 유래되었습니다.

한국인 입맛에 잘 맞는 대표메뉴

샤오롱빠오 (小笼包 xiǎolóngbāo)	볶음밥 (炒饭 chǎofàn)
하가우 (虾饺 xiājiǎo)	창펀 (肠粉 chángfěn)
샤오마이 (烧卖 shāomài)	밀크버블티 (珍珠奶茶 zhēnzhū nǎichá)
챠슈빠오 (叉烧包 chāshāobāo)	완탕면 (云吞汤面 yúntūntāngmiàn)
소고기볶음면 (干炒牛河 gānchǎo niúhé)	

2 휴대폰 결재(手机支付 shǒujī zhīfù)

몇 년 전만 해도 중국은 현금과 신용카드로 대부분의 결재가 이루어졌습니다. 그러나 지금은 백화점에서부터 길거리 상점까지 모두 휴대폰으로 QR코드만 찍으면 결재할 수 있는 '微信 wēixìn(Wechat 위챗)', '支付宝 zhīfùbǎo(Alipay 즈푸빠오)' 페이의 휴대폰 결재 방식으로 사용하고 있습니다. 참고로 2020년 현재 중국의 3대 온라인 결재 시스템은 Ali Pay, Wechat Pay, Union Pay이며, 그 중 위챗페이는 중국 모바일 결재 앱 중에서 등록된 사용자가 가장 많은 최고의 앱으로, 우리나라의 카카오톡과 카카오페이와 같이 메신저를 포함한 네트워크 기능도 함께 가지고 있습니다. 물론 현금과 카드로도 결재가 가능하지만 안 되는 곳도 일부 있고 거스름돈이 부족하거나 귀찮아하는 경우도 있으므로 먼저 현금이나 카드로 결재가능한지 여부를 물어보는 것이 더 좋습니다.

1 녹음 속의 대화를 잘 듣고, 보기 중 관련 있는 사진을 고르세요. 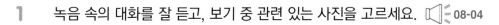 08-04

A

B

C

2 녹음 속의 대화를 잘 듣고, 질문에 대한 알맞은 답을 고르세요. 08-05

A 5:00 　　　　B 17:00 　　　　C 18:00

3 빈칸에 들어갈 알맞은 단어를 찾으세요.

已经预约(　　)了。
Yǐjīng yùyuē (　　) le.

A 前 qián 　　B 点 diǎn 　　C 好 hǎo 　　D 请 qǐng

4 주어진 단어들을 올바른 문장으로 배열하여 쓰세요.

五点 wǔ diǎn　到达 dàodá　您 nín　十分前 shí fēn qián　请 qǐng

중국어 : _____ 。

병음 : _____ .

골든벨 QUIZ & 빙고게임

활용 방법

① 1~7번은 선생님이 내 주신 문제를 듣고 써 보는 문제이며, 8~9번은 주어진 한자를 보고 그 뜻을 쓰는 형식의 문제입니다.

② 학생들은 잘 듣고, 혹은 잘 보고 문제의 정답을 골든벨 퀴즈판에 순서대로 적습니다.

③ 선생님은 맞은 개수에 따라서 본 책 가장 마지막 페이지에 있는 '칭찬도장판'에 도장을 찍어 줍니다.

④ 골든벨 퀴즈판은 '주요 단어' 및 '교체 연습'에 나오는 단어로 '빙고게임'으로도 활용이 가능합니다.

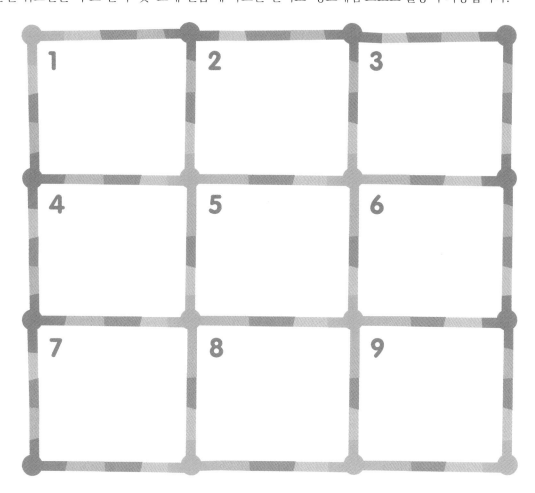

문제 예시

1. '刷卡'는 '처리하다'라는 뜻이다. (O/X)
2. '现金'은 '카드 결제'라는 뜻이다. (O/X)
3. '预约'의 뜻을 쓰시오.
4. '您贵姓?'의 뜻을 쓰시오.
5. '手机支付'의 뜻을 쓰시오.
6. '什么时候?'의 뜻을 쓰시오.
7. '电话留一下。'의 뜻을 쓰시오.
8. '避风塘' 이 한자를 보고 뜻을 쓰시오.
9. '到达' 이 한자를 보고 뜻을 쓰시오.

이럴 땐 이런 표현

》 휴대전화를 분실했을 때!

해석

① 제 휴대전화를 분실했는데, 저 좀 도와주시겠어요?

② 이 휴대전화 번호로 전화 좀 걸어주시겠어요?

③ 제가 택시에 휴대전화를 놓고 내렸는데, 어떻게 하나요?

④ 여기 택시 영수증이 있습니다.

⑤ 여기 호텔에서 국제전화를 걸 수 있나요?

⑥ 한국의 이 전화번호로 걸어야 하는데 좀 도와주시겠어요?

丁 子 子 至 至 到 到 到　　　一 ナ 大 大 达 达

到	达			
dào	dá			
도착하다				

丁 刷 尸 尸 吊 吊 刷 刷　　　丨 ├ 卡 卡 卡

刷	卡			
shuā	kǎ			
카드 결제				

丁 邧 琵 珼 玗 珼 现 现 现　　　人 스 仐 仐 仐 仐 金 金

现	金			
xiàn	jīn			
현금				

亅 手 手 手　　　一 十 村 机 机 机

手	机			
shǒu	jī			
휴대전화				

一 十 支 支　　　人 亻 亻 付 付

支	付			
zhī	fù			
결제하다, 지불하다				

원리 한자

번호	간체자	번체자	번체자 훈(訓 뜻)과 독음(讀音 소리)
1	避风塘	避風塘	避 피할 **피**, 風 바람 **풍**, 塘 연못/둑 **당**
2	您贵姓?	您貴姓?	您 너 **이**, 貴 귀할 **귀**, 姓 성씨 **성**
3	姓	姓	姓 성씨 **성**
4	留	留	留 머무를 **류**
5	到达	到達	到 이를 **도**, 達 통달할 **달**
6	可以	可以	可 옳을 **가**, 以 써 **이**
7	刷卡	刷卡	刷 인쇄할 **쇄**, 卡 지킬 **잡**/음역자 **가**
8	现金	現金	現 나타날 **현**, 金 쇠 **금**/성씨 **김**
9	手机支付	手機支付	手 손 **수**, 機 틀 **기**, 支 가지/지탱할 **지**, 付 줄 **부**

🔍 王임금 왕과 王(玉 구슬 옥)의 구분

단독으로 쓰일 경우 '임금 왕'은 '王'으로 '구슬 옥'은 '玉'으로 사용하지만 다른 부수자와 만나서 쓰일 때는 둘 다 '王' 모양으로 사용됩니다. 어떤 글자의 오른쪽에 쓰일 경우에는 '임금 왕'의 뜻으로, 왼쪽에 쓰일 경우에는 '구슬 옥'의 뜻으로 구분하면 됩니다.

관련 어휘

▷ 狂 = 犭(犬) 개 **견** + 王 임금 **왕**: (임금이 개처럼 행동하니) 미칠 **광**

▷ 班 = 王(玉) 구슬 **옥** + 刂(刀) 칼 **도** + 王(玉) 구슬 **옥**:
　　(구슬을 칼로 잘라서) 나눌 **반**

▷ 現 = 王(玉) 구슬 **옥** + 見 볼 **견**: (구슬을 보니 모습이) 나타날 **현**

- **狂風**(광풍)
  미친 듯이 부는
  거센 바람
- **分班**(분반)
  반을 나누다

🔍 月달 월과 月(肉 고기 육 달 월)의 구분

단독으로 쓰일 경우 '달 월'은 '月'으로 '고기 육'은 '肉'으로 사용되지만 '肉'이 어떤 글자의 일부가 되어 왼쪽이나 아래쪽에 쓰일 경우에는 '月' 형태로 쓰이며, 어떤 글자의 오른쪽에 쓰이는 대부분의 '月'는 '달 월'의 의미입니다.

관련 어휘

▷ 明 = 日 해 **일** + 月 달 **월**: (해와 달이 비추어) 밝을 **명**

▷ 肯 = 止 그칠 **지** + 月(肉) 고기 **육**:
　　(일을 멈추고 고기를 먹으면서) 즐길 **긍**

▷ 肪 = 月(肉) 고기 **육** + 方 모 **방**: (고기 덩어리의) 기름 **방**

- **明月**(명월)
  밝은 달
- **肯定**(긍정)
  (즐거운 마음으로)
  그렇다고 인정함

第九课

请求帮助
Qǐngqiú bāngzhù
Asking for helps
도움 요청하기

학습 목표

물건을 분실했을 때 경찰에 도움을 요청할 수 있어요.

주요 단어 09-01

번호	단어	병음	한글 뜻	영어 뜻
1	警察	jǐngchá	경찰 / 공안	police officer
2	警察局	jǐngchájú	경찰서 / 공안국	police station
3	丢	diū	잃어버리다	lose
4	稍等	shāo děng	잠시 기다리다	wait a minute
5	报案	bào'àn	신고하다	report a case
6	证明	zhèngmíng	증명서	proof
7	跟	gēn	~와(과)	to, with
8	复印件	fùyìnjiàn	복사본	copy
9	出入境管理局	chūrùjìng guǎnlǐjú	출입국 관리소	the Exit and Entry Administration
10	领事馆	lǐngshìguǎn	영사관	the consulate
11	地址	dìzhǐ	주소	address

여권을 잃어버리고 경찰서에서
(**丢失护照后到警察局** diūshī hùzhào hòu dào jǐngchájú)

宝贝   你好！我的护照丢了。
       Nǐ hǎo! Wǒ de hùzhào diū le.

警察   在哪儿丢的？
       Zài nǎr diū de?

宝贝   可能是在出租车上丢的。
       Kěnéng shì zài chūzūchē shang diū de.

警察   您有出租车发票吗？
       Nín yǒu chūzūchē fāpiào ma?

宝贝   没有。
       Méiyǒu.

警察   您住在哪个酒店？
       Nín zhùzài nǎge jiǔdiàn?

宝贝   北京大酒店。
       Běijīng Dàjiǔdiàn.

警察   请稍等。
       Qǐng shāo děng.

(잠시 후)

警察　这是报案证明。跟酒店要您的护照复印件，
　　　Zhè shì bào'àn zhèngmíng. Gēn jiǔdiàn yào nín de hùzhào fùyìnjiàn,

　　　带着复印件去出入境管理局和韩国领事馆就可以了。
　　　dàizhe fùyìnjiàn qù chūrùjìng guǎnlǐjú hé Hánguó lǐngshìguǎn jiù kěyǐ le.

宝贝　出入境管理局和领事馆的地址和电话有吗？
　　　Chūrùjìng guǎnlǐjú hé lǐngshìguǎn de dìzhǐ hé diànhuà yǒu ma?

警察　这是地址和电话。
　　　Zhè shì dìzhǐ hé diànhuà.

宝贝　谢谢。
　　　Xièxie.

Dialogue 情景对话 qíngjǐng duìhuà

🎬 여권을 잃어버리고 경찰서에서

(丢失护照后到警察局 diūshī hùzhào hòu dào jǐngchájú)

 宝贝
你好！我的护照丢了。

 警察
在哪儿丢的？

 宝贝
可能是在出租车上丢的。

 警察
您有出租车发票吗？

 宝贝
没有。

 警察
您住在哪个酒店？

 宝贝
北京大酒店。

 警察
请稍等。

宝贝	Hello! I've lost my passport.
警察	Where did you lose it?
宝贝	I think I lost it in a taxi.
警察	Do you have the taxi receipt?
宝贝	No.
警察	Which hotel are you staying in?
宝贝	Beijing Hotel.
警察	Wait a minute, please.

这是报案证明。跟酒店要您的护照复印件，
带着复印件去出入境管理局和韩国领事馆就可以了。

警察

宝贝

出入境管理局和领事馆的地址和电话有吗？

这是地址和电话。

警察

宝贝

谢谢。

警察　　This is the report. Ask the hotel for a copy of your passport.
　　　　Just take it to the Exit and Entry Administration and the Korean consulate.

宝贝　　Do you have the address and telephone number of the Exit and Entry
　　　　Administration and the consulate?

警察　　Here you are.

宝贝　　Thanks.

01 교체 연습 替换练习 tìhuàn liànxí

09-03

어휘를 바꾸어 다양한 표현으로 연습해 보세요.

(1)

1		여권	护照 hùzhào	
2		지갑	钱包 qiánbāo	
3	我的 Wǒ de 나의	항공권	机票 jīpiào	丢了 diū le 잃어버렸어요
4		여행 가방	行李箱 xínglixiāng	
5		신용카드	信用卡 xìnyòngkǎ	
6		휴대전화	手机 shǒujī	

(2)

你有_____吗? 당신은 _____을 (가지고) 있나요?

Nǐ yǒu _____ ma?

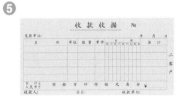

단어 힌트 门票 ménpiào 입장권 | 车票 chēpiào 차표 | 火车票 huǒchēpiào 기차표 |
现金 xiànjīn 현금 | 收据 shōujù 영수증 | 押金单 yājīndān 보증금 영수증

02 이해하기 了解汉语 liǎojiě Hànyǔ

1 的의 용법

① 일반적으로 명사 앞에 쓰여 명사를 수식하는 역할을 합니다. [사람 + 的 + 명사]의 형태로 쓰여 '~의' 라는 뜻과 [동사/형용사 + 的 +명사]의 형태로 쓰여 '~은/는/한'이라는 뜻으로 사용됩니다.

> **예** 我的手机 wǒ de shǒujī　내 휴대폰
>
> 漂亮的衣服 piàoliang de yīfu　예쁜 옷

② 문장 끝에 쓰여 '~것'이라는 의미로, 서로 이미 알고 있는 내용에 대하여 생략하는 역할을 합니다.

> **예** 这是我的。　Zhè shì wǒ de.　이것은 내 것이다.

③ '是…的'의 형태로 쓰여 강조문의 역할을 합니다. 지난 일의 어떠한 것을 특별히 강조하고 싶을 때 사용하며, 강조하고 싶은 내용을 是와 的 사이에 넣습니다.

> **예** 我是昨天来的。　Wǒ shì zuótiān lái de.　저는 어제 왔어요.

여권 분실 시 대처 방법

① 대한민국 총영사관에 도움을 요청하여 여권 분실 시 어떻게 해야 하는지 물어봅니다.

② 분실한 지역의 파출소(公安局 gōng'ānjú)에 가서 '여권분실확인서'를 발급 받습니다.

③ '여권분실확인서'를 가지고 그 지역의 공안국 출입국관리소(公安局出入境管理处 gōng'ānjú chūrùjìng guǎnlǐchù)에 가서 '여권분실증명서발급' 신청을 하고 바로 발급받습니다.

④ 대한민국 총영사관에 가서 임시여권 또는 여행증명서를 발급 받습니다.

⑤ 호텔에 등기를 한 관할지역의 출입국관리소에 가서 비자발급 신청을 합니다. 비자발급은 보통 2주 정도 가 소요됩니다. (호텔직원에게 도움을 요청해 주소와 택시 예약을 부탁하면 보다 수월하게 찾아갈 수 있습니다.)

도움 되는 단어

관할지역 파출소 **管辖区派出所** guǎnxiáqū pàichūsuǒ ｜ 대한민국 총영사관 **大韩民国总领事馆** Dàhánmínguó zǒnglǐngshìguǎn ｜ 여권분실 확인서 **护照丢失确认书** hùzhào diūshī quèrènshū ｜ 비자 신청 **护照申请** hùzhào shēnqǐng ｜ 수속 비용 **手续费** shǒuxùfèi

1 녹음 속의 대화를 잘 듣고, 보기 중 관련 있는 사진을 고르세요. 🔊 09-04

A

B

C

2 녹음 속의 대화를 잘 듣고, 질문에 대한 알맞은 답을 고르세요. 🔊 09-05

A 护照　　　　　B 手机　　　　　C 钱包

3 빈칸에 들어갈 알맞은 단어를 찾으세요.

> 您住在(　　)个酒店?
> Nín zhùzài (　　) ge jiǔdiàn?

A 就 jiù　　　　B 是 shì　　　　C 哪 nǎ　　　　D 两 liǎng

4 주어진 단어들을 올바른 문장으로 배열하여 쓰세요.

是	可能	出租车	丢	上	在	的
shì	kěnéng	chūzūchē	diū	shàng	zài	de

중국어 : _____ 。

병음 : _____ .

골든벨 QUIZ & 빙고게임

활용 방법

① 1~7번은 선생님이 내 주신 문제를 듣고 써 보는 문제이며, 8~9번은 주어진 한자를 보고 그 뜻을 쓰는 형식
   의 문제입니다.
② 학생들은 잘 듣고, 혹은 잘 보고 문제의 정답을 골든벨 퀴즈판에 순서대로 적습니다.
③ 선생님은 맞은 개수에 따라서 본 책 가장 마지막 페이지에 있는 '칭찬도장판'에 도장을 찍어 줍니다.
④ 골든벨 퀴즈판은 '주요 단어' 및 '교체 연습'에 나오는 단어로 '빙고게임'으로도 활용이 가능합니다.

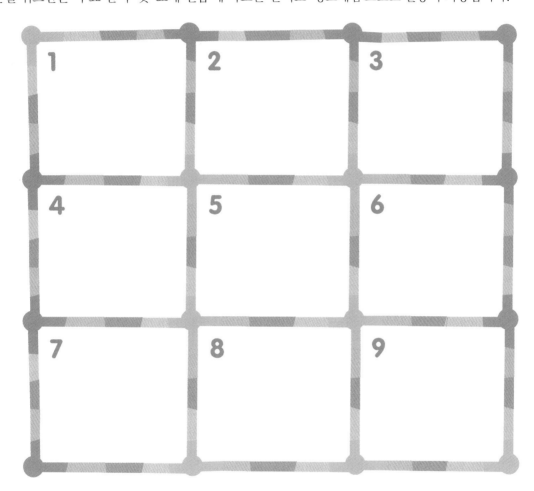

문제 예시

1. '警察'는 '경찰'이라는 뜻이다. (O/X)
2. '地址'는 '잃어버리다'라는 뜻이다. (O/X)
3. '发票'의 뜻을 쓰시오.
4. '出租车'의 뜻을 쓰시오.
5. '韩国领事馆'의 뜻을 쓰시오.
6. '您住在哪个酒店?'의 뜻을 쓰시오.
7. '在哪儿丢的?'의 뜻을 쓰시오.
8. '复印件' 이 한자를 보고 뜻을 쓰시오.
9. '请稍等' 이 한자를 보고 뜻을 쓰시오.

누군가에게 도움을 요청할 때!

해석

❶ 도와주세요! 저 사람이 제 지갑을 훔쳐 갔어요!

❷ 한국어나 영어로 통역 가능한 분 계신가요?

❸ 경찰 좀 불러 주세요!

❹ 구급차 좀 불러 주세요!

❺ 도둑이야! 저 사람 좀 잡아 주세요!

❻ 휴대전화를 잃어버려서 그러는데 휴대전화 좀 사용할 수 있을까요?

一 艹 芍 芍 芍 荷 荷 荷 芍 敬 敬 敬 警 警 警 警 警
宀 宀 宀 宀 宀 宀 宀 宀 察 察 察 察 察 察

警	察			
jǐng	chá			
경찰				

コ コ P 月 局 局 局

局				
jú				
(경찰)국				

十 屮 中 出 出　　ノ 入

出	入			
chū	rù			
출입				

广 各 各 今 令 今 领 领 领 领 领　　一 一 戸 戸 写 事 事 事　　广 广 饣 饣 饣 饣 饣 饣 馆 馆 馆

领	事	馆		
lǐng	shì	guǎn		
영사관				

土 圤 坩 坩 地 地　　一 十 土 圤 圤 址 址

地	址			
dì	zhǐ			
주소				

번호	간체자	번체자	번체자 훈(訓 뜻)과 독음(讀音 소리)
1	警察	警察	警 깨우칠/경계할 **경**, 察 살필 **찰**
2	警察局	警察局	警 깨우칠/경계할 **경**, 察 살필 **찰**, 局 판 **국**
3	丢	丢	丢 아주 갈/잃어버릴 **주**
4	稍等	稍等	稍 점점 **초**, 等 무리 **등**
5	报案	報案	報 갚을 **보**, 案 책상 **안**
6	证明	證明	證 증거 **증**, 明 밝을 **명**
7	跟	跟	跟 발꿈치/뒤따를 **근**
8	复印件	復印件	復 회복할 복/다시 **부**, 印 도장 **인**, 件 사건 **건**
9	出入境管理	出入境管理	出 날 **출**, 入 들 **입**, 境 경계 **경**, 管 대롱 **관**, 理 다스릴 **리**
10	领事馆	領事館	領 거느릴 **령**, 事 일 **사**, 館 집 **관**
11	地址	地址	地 땅 **지**, 址 터 **지**

◯ 약자(略字) = 간체자(簡體字)를 가지고 있는 부수자

부수자	약자	훈	독음	병음	부수자	약자	훈	독음	병음
見	见	볼	견	jiàn	靑	青	푸를	청	qīng
言	讠	말씀	언	yán	韋	韦	가죽	위	wéi
貝	贝	조개/돈	패	bèi	風	风	바람	풍	fēng
車	车	수레	차/거	chē	飛	飞	날	비	fēi
金	钅	쇠/성씨	금/김	jīn	食	饣	밥/먹다	식	shí
長	长	길/어른	장	cháng/zhǎng	馬	马	말	마	mǎ
門	门	문	문	mén	魚	鱼	물고기	어	yú
頁	页	머리	혈	yè	齊	齐	가지런할	제	qí
鳥	鸟	새	조	niǎo	齒	齿	이	치	chǐ
黃	黄	누를	황	huáng	龍	龙	용	용	lóng
麥	麦	보리	맥	mài	龜	龟	거북/갈라질	구, 귀/균	guī

复习 2

Fùxí 2

Review 2

복습 2

제6~9과에서 학습한 상황 회화 표현을 말할 수 있어요.

먼저 왼쪽의 한글만 보고 중국어 표현으로 말해 보세요. 잘 생각나지 않을 때는 오른쪽의 중국어 문장을 참고해서 연습해 보세요.

○ 상황 1 (제6과 상황 회화)

🎬 상점에서

보배   사장님, 이거 얼마예요?

사장   12위안이에요.

보배   저건 얼마예요?

사장   24위안이에요.

보배   조금만 싸게 해 주실 수 있나요?

사장   몇 개 사실 건가요?

보배   이걸로 2개 살 거예요.

사장   2개 20위안에 드릴게요.

보배   조금 더 깎아 주세요.

사장   안 돼요.

보배   알겠습니다. 그럼 전 안 살래요.

사장   잠시만요. 그럼 2개 18위안에 줄게요. 더 이상은 안 돼요.

보배   감사합니다!

宝贝　老板，这个多少钱？

老板　十二块。　Shí'èr kuài.

宝贝　那个呢？

老板　二十四块。　Èrshísì kuài.

宝贝　能不能便宜点儿？

老板　您要几个？　Nín yào jǐ ge?

宝贝　这个要两个。

老板　两个二十块吧。　Liǎng ge èrshí kuài ba.

宝贝　再便宜点儿吧。

老板　不行。　Bù xíng.

宝贝　好吧，那我不要了。

老板　等一下，那两个十八吧，再不能便宜了。
　　　Děng yíxià, nà liǎng ge shíbā ba, zài bù néng piányi le.

宝贝　谢谢！

◻ 상황 2 (제7과 상황 회화)

🎬 체크인할 때

보배　안녕하세요. 체크인하려고 합니다.

직원　예약하셨나요?

보배　네. 여기 호텔 예약(확인)증 있습니다.

직원　여권 주시겠어요?

보배　여기 있습니다.

(잠시 후)

직원　보증금은 200위안이고요, 여기에 서명 한 번 부탁드립니다.

　　　고객님 객실은 15층 1503호이고, 이것은 객실 카드입니다.

보배　조식은 몇 시부터 몇 시까지인가요?

직원　7시에서 9시까지, 2층입니다.

🎬 체크아웃할 때

보배　안녕하세요. 체크아웃하려고 합니다.

직원　네. 고객님 객실 카드와 보증금 영수증을 주세요.

(잠시 후)

직원　고객님의 보증금 200위안입니다.

보배　짐 좀 맡길 수 있을까요?

직원　네. 여기에 서명해 주세요. 짐 찾을 때 이 종이를 보여 주시면 됩니다.

宝贝　　你好！我想办理入住。

前台接待　您预约了吗？　Nín yùyuē le ma?

宝贝　　这是预约单。

前台接待　请您出示护照。　Qǐng nín chūshì hùzhào.

宝贝　　给你。

前台接待　押金两百块，请在这里签名。
　　　　Yājīn liǎng bǎi kuài, qǐng zài zhèlǐ qiānmíng.

　　　　您的房间在十五楼1503号，这是房卡。
　　　　Nín de fángjiān zài shíwǔ lóu yāo wǔ líng sān hào, zhè shì fángkǎ.

宝贝　　早餐从几点到几点？

前台接待　七点到九点，在二楼。　Qī diǎn dào jiǔ diǎn, zài èr lóu.

宝贝　　你好，退房。

前台接待　好的，请给我您的房卡和押金收据。
　　　　Hǎo de, qǐng gěi wǒ nín de fángkǎ hé yājīn shōujù.

前台接待　这是您的押金两百块。　Zhè shì nín de yājīn liǎng bǎi kuài.

宝贝　　可以寄存行李吗？

前台接待　可以，请在这里签名。拿行李的时候请出示寄存单。
　　　　Kěyǐ, qǐng zài zhèlǐ qiānmíng. Ná xíngli de shíhou qǐng chūshì jìcúndān.

○ 상황 3 (제8과 상황 회화)

🎬 식당에 전화를 걸어서

보배   여보세요.

종업원   네, 비펑탕 식당입니다.

보배   저 예약하려고 하는데요.

종업원   언제입니까?

보배   내일 오후 5시에 가능할까요?

종업원   가능합니다. 몇 분이신가요?

보배   3명입니다.

종업원   예약자 성함과 연락처는 어떻게 되시나요?

보배   저는 김 씨이고요, 번호는 186-3456-7890입니다.

종업원   네, 예약되었습니다. 5시 10분까지 도착해 주세요.

보배   알겠습니다. 참! 카드 결제 가능한가요?

종업원   현금, 카드, 휴대전화 결제 모두 가능합니다.

보배   네, 감사합니다.

宝贝　　喂，你好！

服务员　喂，你好！避风塘。　*Wéi, nǐ hǎo! Bìfēngtáng.*

宝贝　　我想预约。

服务员　什么时候？　*Shénme shíhou?*

宝贝　　明天下午五点可以吗？

服务员　好的，请问几位？　*Hǎo de, qǐngwèn jǐ wèi?*

宝贝　　三个人。

服务员　您贵姓？电话留一下。　*Nín guì xìng? Diànhuà liú yíxià.*

宝贝　　我姓金，电话是18634567890。

服务员　好的，已经预约好了。请您五点十分前到达。
　　　　Hǎo de, yǐjīng yùyuē hǎo le. Qǐng nín wǔ diǎn shí fēn qián dàodá.

宝贝　　好的。啊！对了，可以刷卡吗？

服务员　现金、刷卡、手机支付都可以。
　　　　Xiànjīn、shuākǎ hé shǒujī zhīfù dōu kěyǐ.

宝贝　　好的，谢谢。

○ 상황 4 (제9과 상황 회화)

🎬 여권을 잃어버리고 경찰서에서

보배　실례합니다! 제 여권을 잃어버렸어요.

경찰　어디서 잃어버렸나요?

보배　아마 택시에서 잃어버린 것 같아요.

경찰　혹시 택시 영수증 가지고 있나요?

보배　아니요.

경찰　어느 호텔에서 투숙하고 있나요?

보배　베이징호텔이에요.

경찰　잠시만 기다리세요.

　　　(잠시 후)

경찰　이것은 신고 증명입니다. 호텔에 당신의 여권 사본을 요청하고,
　　　출입국관리소와 한국영사관에 가지고 가면 됩니다.

보배　출입국관리소와 영사관의 주소와 번호가 있나요?

경찰　여기 주소와 번호입니다.

보배　감사합니다.

宝贝　你好！我的护照丢了。

警察　在哪儿丢的？　Zài nǎr diū de?

宝贝　可能是在出租车上丢的。

警察　您有出租车发票吗？　Nín yǒu chūzūchē fāpiào ma?

宝贝　没有。

警察　您住在哪个酒店？　Nín zhùzài nǎge jiǔdiàn?

宝贝　北京大酒店。

警察　请稍等。　Qǐng shāo děng.

警察　这是报案证明。跟酒店要您的护照复印件，
　　　Zhè shì bào'àn zhèngmíng. Gēn jiǔdiàn yào nín de hùzhào fùyìnjiàn,

　　　带着复印件去出入境管理局和韩国领事馆就可以了。
　　　dàizhe fùyìnjiàn qù chūrùjìng guǎnlǐjú hé Hánguó lǐngshìguǎn jiù kěyǐ le.

宝贝　出入境管理局和领事馆的地址和电话有吗？

警察　这是地址和电话。　Zhè shì dìzhǐ hé diànhuà.

宝贝　谢谢。

듣기 영역

제1부분 (1~3번)

녹음을 듣고, 사진과 일치하면 O, 틀리면 X 표시를 하세요.

1.		
2.		
3.		

제2부분 (4~5번)

녹음을 듣고, 일치하는 사진의 알파벳을 쓰세요.

A.	B.

C.	D.

4. ·· [   ]

5. ·· [   ]

제3부분 (6~8번)

녹음을 듣고, 질문에 일치하는 답을 선택하세요.

6. ·· [   ]

A. 1965号　　　　B. 警察局
　　hào　　　　　　jǐngchájú

C. 1905号　　　　D. 麦当劳
　　hào　　　　　　Màidāngláo

7. ·· [   ]

A. 警察局　　　　B. 超市
　　jǐngchájú　　　　chāoshì

C. 酒店　　　　　D. 商店
　　jiǔdiàn　　　　　shāngdiàn

8. ·· [   ]

A. 现金　　　　　B. 打包
　　xiànjīn　　　　　dǎbāo

C. 刷卡　　　　　D. 手机支付
　　shuākǎ　　　　　shǒujī zhīfù

제4부분 (9~10번)

녹음을 듣고, 질문에 일치하는 답을 선택하세요.

9. ··· [   ]

    A. 拿行李
      ná xíngli

    B. 签名
      qiānmíng

    C. 入住
      rùzhù

    D. 给押金
      gěi yājīn

10. ·· [   ]

    A. 八点
      bā diǎn

    B. 八点十五分
      bā diǎn shíwǔ fēn

    C. 五点
      wǔ diǎn

    D. 五点十五分
      wǔ diǎn shíwǔ fēn

독해 영역

제1부분 (11~12번)

제시된 문장과 관련 있는 사진을 찾으세요.

A.

B.

C.

D.

11. ··· [   ]

    A: 请问，可以手机支付吗?
      Qǐngwèn, kěyǐ shǒujī zhīfù ma?

    B: 这儿只能用现金。
      Zhèr zhǐnéng yòng xiànjīn.

12. ··· [   ]

    A: 请问，这儿可以寄存行李吗?
      Qǐngwèn, zhèr kěyǐ jìcún xíngli ma?

    B: 可以。
      Kěyǐ.

제2부분 (13~14번)

보기를 보고 괄호 안에 들어갈 알맞은 단어를 찾으세요.

A. 可以	B. 丢	C. 好	D. 贵
kěyǐ	diū	hǎo	guì

13. .... [　　]

请您系(　　　)安全带。
Qǐng nín jì (　　　) ānquándài.

14. .... [　　]

请问您(　　　)姓?
Qǐngwèn nín (　　　) xìng?

제3부분 (15~17번)

서로 관련된 문장을 고르세요.

A. 前面红绿灯往左拐就是。
Qiánmian hónglùdēng wǎng zuǒ guǎi jiù shì.

B. 警察您好，我的护照丢了。
Jǐngchá nín hǎo, wǒ de hùzhào diū le.

C. 我姓李，电话是010-2345-6789。
Wǒ xìng Lǐ, diànhuà shì líng yāo líng èr sān sì wǔ liù qī bā jiǔ.

15. .... [　　]

在哪儿丢的?
Zài nǎr diū de?

16. .... [　　]

您贵姓? 电话留一下。
Nín guì xìng? Diànhuà liú yíxià.

17. .... [　　]

请问洗手间在哪儿?
Qǐngwèn xǐshǒujiān zài nǎr?

제4부분 (18~20번)

단어를 조합하여 올바른 문장을 만드세요.

18. 好 / 已经 / 了 / 预约
　　 hǎo　　yǐjīng　　le　　yùyuē

_____。

_____.

19. 便宜 / 能 / 点儿 / 不能
　　 piányi　　néng　　diǎnr　　bù néng

_____?

_____?

20. 这儿 / 行李 / 寄存 / 可以 / 吗
　　 zhèr　　xíngli　　jìcún　　kěyǐ　　ma

_____?

_____?

부록

❶ 新HSK 1~3급 필수 어휘

❷ 실력확인 - 정답 및 녹음 지문

❸ 중국어 실력 점검 TEST 1, 2회 - 정답 및 녹음 지문

1급	150자		
001	爱	ài	통 (사람·사물 등을) 사랑하다, 좋아하다
002	八	bā	수 8, 팔, 여덟
003	爸爸	bàba	명 아빠, 아버지
004	杯子	bēizi	명 (술·물·차 등 음료의) 잔, 컵
005	北京	Běijīng	고유 베이징 [중국의 수도]
006	本	běn	양 권 [책을 세는 단위]
007	不	bù	부 아니다 [(동사·형용사 또는 기타 부사 앞에서) 부정(否定)을 나타냄]
008	不客气	bú kèqi	천만에요, 사양하지 않다, 체면 차리지 않다
009	菜	cài	명 채소, 야채
010	茶	chá	명 (마시는) 차
011	吃	chī	통 먹다
012	出租车	chūzūchē	명 택시
013	打电话	dǎ diànhuà	전화하다
014	大	dà	형 (크기가) 크다
015	的	de	조 ~의, ~의 것
016	点	diǎn	양 시 [시간을 나타냄]
017	电脑	diànnǎo	명 컴퓨터
018	电视	diànshì	명 텔레비전
019	电影	diànyǐng	명 영화
020	东西	dōngxi	명 (구체적인 혹은 추상적인) 물건, 사물, 물품
021	都	dōu	부 모두

022	读	dú	통 (글을 소리내어) 읽다, 낭독하다
023	对不起	duìbuqǐ	통 미안합니다, 죄송합니다
024	多	duō	형 (양이) 많다
025	多少	duōshao	대 얼마, 몇
026	儿子	érzi	명 아들
027	二	èr	수 2, 이, 둘
028	饭店	fàndiàn	명 식당, 음식점
029	飞机	fēijī	명 비행기
030	分钟	fēnzhōng	명 분 [시간을 나타냄]
031	高兴	gāoxìng	형 기쁘다
032	个	ge	양 개, 명 [개개의 사람이나 물건을 세는 단위]
033	工作	gōngzuò	통 일하다, 작업하다
034	狗	gǒu	명 개, 강아지
035	汉语	Hànyǔ	명 중국어, 한어
036	好	hǎo	형 좋다
037	号	hào	명 일 [날짜를 나타냄]
038	喝	hē	통 마시다
039	和	hé	개 ~와/과
040	很	hěn	부 아주, 매우
041	后面	hòumiàn	명 뒤, 뒤쪽, 뒷면
042	回	huí	통 (원래의 곳으로) 되돌리다, 돌아가다, 돌아오다
043	会	huì	조통 (배워서) ~할 줄 알다, ~할 수 있다, ~할 가능성이 있다

044	几	jǐ	때 몇 [숫자가 그렇게 많지 않을 때 사용함. 주로 10이하의 숫자에 쓰임]
045	家	jiā	명 집
046	叫	jiào	동 외치다, 고함치다, 소리치다, 부르다
047	今天	jīntiān	명 오늘
048	九	jiǔ	수 9, 구, 아홉
049	开	kāi	동 (차를) 운전하다, 열다
050	看	kàn	동 보다, ~라고 생각하다
051	看见	kànjiàn	동 보이다
052	块	kuài	양 위안 [중국의 화폐 단위], 조각, 덩이
053	来	lái	동 오다
054	老师	lǎoshī	명 선생님
055	了	le	조 동사 또는 형용사 뒤에 쓰여 동작의 완료 또는 상황의 변화를 나타냄
056	冷	lěng	형 춥다
057	里	lǐ	명 안, 안쪽
058	六	liù	수 6, 육, 여섯
059	妈妈	māma	명 엄마, 어머니
060	吗	ma	조 ~입니까? [문장 끝에 쓰여 의문을 나타냄]
061	买	mǎi	동 사다
062	猫	māo	명 고양이
063	没关系	méi guānxi	괜찮다, 상관 없다, 문제 없다, 염려 없다
064	没有	méiyǒu	동 없다　부 ~지 않다
065	米饭	mǐfàn	명 밥, 쌀밥

066	明天	míngtiān	명 내일
067	名字	míngzi	명 이름, 성명
068	哪	nǎ	대 어느, 어느 것
069	哪儿	nǎr	대 어디, 어느 곳
070	那	nà	대 그, 그것, 저, 저것 [비교적 멀리 떨어진 사람이나 사물을 가리킴]
071	呢	ne	조 서술문 뒤에 쓰여 동작이나 상황이 지속됨을 나타냄
072	能	néng	조동 ~할 수 있다, ~할 줄 알다
073	你	nǐ	대 너, 당신
074	年	nián	명 년, 해
075	女儿	nǚ"ér	명 딸
076	朋友	péngyou	명 친구, 벗
077	漂亮	piàoliang	형 예쁘다, 아름답다
078	苹果	píngguǒ	명 사과
079	七	qī	수 7, 칠, 일곱
080	前面	qiánmiàn	명 앞, 앞쪽, 앞면
081	钱	qián	명 돈, 화폐
082	请	qǐng	동 청하다, 부탁하다, 초대하다
083	去	qù	동 가다
084	热	rè	형 덥다
085	人	rén	명 사람
086	认识	rènshi	동 알다, 인식하다
087	三	sān	수 3, 삼, 셋

088	商店	shāngdiàn	명 상점, 판매점
089	上	shàng	명 위, 위쪽
090	上午	shàngwǔ	명 오전
091	少	shǎo	형 (양이) 적다
092	谁	shéi	대 누구
093	什么	shénme	대 무엇, 무슨 [의문을 나타냄]
094	十	shí	수 10, 십, 열
095	时候	shíhou	명 ~때, 시각
096	是	shì	동 ~이다, 맞다, 옳다
097	书	shū	명 책
098	水	shuǐ	명 물
099	水果	shuǐguǒ	명 과일
100	睡觉	shuìjiào	동 (잠을) 자다
101	说	shuō	동 말하다
102	四	sì	수 4, 사, 넷
103	岁	suì	양 살, 세 [나이를 세는 단위]
104	他	tā	대 그, 그 남자
105	她	tā	대 그녀, 그 여자
106	太	tài	부 너무, 매우
107	天气	tiānqì	명 날씨
108	听	tīng	동 듣다
109	同学	tóngxué	명 학우, 학급 친구, 동학, 동창(생), 동급생

110	喂	wèi	감 여보세요 [전화할 때 쓰는 말]
111	我	wǒ	대 나, 저
112	我们	wǒmen	대 우리
113	五	wǔ	수 5, 오, 다섯
114	喜欢	xǐhuan	동 좋아하다
115	下	xià	명 밑, 아래
116	下午	xiàwǔ	명 오후
117	下雨	xià yǔ	동 비가 오다
118	先生	xiānsheng	명 선생님 [성인 남성에 대한 호칭]
119	现在	xiànzài	명 지금, 현재
120	想	xiǎng	동 생각하다 조동 ~하고 싶다, ~할 생각이다
121	小	xiǎo	형 (크기가) 작다
122	小姐	xiǎojiě	명 아가씨 [결혼하지 않은 여성에 대한 호칭]
123	些	xiē	양 조금, 약간, 몇 [확정적이지 않은 적은 수량을 나타냄]
124	写	xiě	동 (글씨를) 쓰다
125	谢谢	xièxie	동 감사합니다, 고맙습니다
126	星期	xīngqī	명 요일, 주(周)
127	学生	xuésheng	명 학생
128	学习	xuéxí	동 학습하다, 공부하다, 배우다
129	学校	xuéxiào	명 학교
130	一	yī	수 1, 일, 하나
131	一点儿	yìdiǎnr	양 약간, 조금

132	衣服	yīfu	명 옷, 의복
133	医生	yīshēng	명 의사
134	医院	yīyuàn	명 병원
135	椅子	yǐzi	명 의자
136	有	yǒu	동 있다
137	月	yuè	명 월, 달 [날짜를 나타냄]
138	在	zài	동 ~에 있다 개 ~에서 부 ~하고 있는 중이다
139	再见	zàijiàn	동 (헤어질 때 인사말로) 안녕, 잘 가, 안녕히 계세요
140	怎么	zěnme	대 어떻게, 어째서, 왜
141	怎么样	zěnmeyàng	대 어떻다, 어떠하다
142	这	zhè	대 이, 이것 [비교적 가까운 사람이나 사물을 가리킴]
143	中国	Zhōngguó	고유 중국
144	中午	zhōngwǔ	명 정오
145	住	zhù	동 살다, 거주하다, 묵다, 머무르다
146	桌子	zhuōzi	명 책상, 테이블
147	字	zì	명 문자, 글자
148	昨天	zuótiān	명 어제
149	坐	zuò	동 앉다, (교통수단을) 타다
150	做	zuò	동 하다, 만들다

2급 150자

001	吧	ba	조 문장 맨 끝에 쓰여, 상의·제의·청유·기대·명령 등의 어기를 나타냄
002	白	bái	형 하얗다, 희다
003	百	bǎi	수 백(100)
004	帮助	bāngzhù	동 돕다, 원조하다 명 도움, 원조
005	报纸	bàozhǐ	명 신문
006	比	bǐ	전 ~에 비해, ~보다 동 비교하다
007	别	bié	부 ~하지 마라 형 그 밖에, 달리, 따로
008	宾馆	bīnguǎn	명 호텔
009	长	cháng	형 (길이가) 길다 명 길이
010	唱歌	chànggē	동 노래를 부르다
011	出	chū	동 나가다, 나오다
012	穿	chuān	동 입다, 신다
013	次	cì	양 차례, 번, 회
014	从	cóng	전 ~(으)로부터, ~을 기점으로, ~을 지나
015	错	cuò	동 틀리다, 맞지 않다 명 잘못
016	打篮球	dǎ lánqiú	농구하다
017	大家	dàjiā	대 모두, 다들
018	到	dào	동 도착하다, 어느 곳에 이르다 전 ~까지
019	得	de	조 결과나 정도를 나타내는 보어와 연결시킴 [동사나 형용사 뒤에 씀]
020	等	děng	동 기다리다
021	弟弟	dìdi	명 남동생

022	第一	dì yī	수 첫 번째
023	懂	dǒng	동 알다, 이해하다
024	对①	duì	형 맞다, 옳다
025	对②	duì	전 ~에 대해서, ~을(를) 향하여
026	房间	fángjiān	명 방
027	非常	fēicháng	부 대단히, 매우, 아주
028	服务员	fúwùyuán	명 종업원, 웨이터, 웨이트리스
029	高	gāo	형 (높이나 기준이) 높다, (키가) 크다
030	告诉	gàosu	동 말하다, 알리다
031	哥哥	gēge	명 형, 오빠
032	给	gěi	동 주다 전 ~에게
033	公共汽车	gōnggòng qìchē	명 버스
034	公司	gōngsī	명 회사
035	贵	guì	형 비싸다, 귀하다
036	过	guo	조 ~한 적이 있다
037	还	hái	부 역시, 아직, 또
038	孩子	háizi	명 아이, 어린이
039	好吃	hǎochī	형 맛있다
040	黑	hēi	형 까맣다, 검다
041	红	hóng	형 빨갛다, 붉다
042	火车站	huǒchēzhàn	명 기차역
043	机场	jīchǎng	명 공항

044	鸡蛋	jīdàn	명 달걀
045	件	jiàn	양 건, 개 [일이나 옷을 세는 단위]
046	教室	jiàoshì	명 교실
047	姐姐	jiějie	명 누나, 언니
048	介绍	jièshào	동 소개하다
049	进	jìn	형 들어오다, 들어가다
050	近	jìn	형 가깝다, 짧다
051	就	jiù	부 즉시, 바로, 당장, 겨우
052	觉得	juéde	동 ~라고 느끼다, 생각하다
053	咖啡	kāfēi	명 커피
054	开始	kāishǐ	동 시작하다 명 처음, 시작
055	考试	kǎoshì	동 시험을 치다 명 시험
056	可能	kěnéng	동 가능하다 명 가능성, 가망 조동 아마도, 아마 (~일지도 모른다), 어쩌면
057	可以	kěyǐ	조동 ~할 수 있다 형 좋다, 괜찮다
058	课	kè	명 수업, 강의, 과
059	快	kuài	형 빠르다 부 곧, 머지않아
060	快乐	kuàilè	형 즐겁다, 유쾌하다
061	累	lèi	형 지치다, 피곤하다
062	离	lí	전 ~로부터
063	两	liǎng	수 이, 둘(2)
064	零	líng	수 영(0)
065	路	lù	명 길, 도로, 노선

066	旅游	lǚyóu	동 여행하다, 관광하다
067	卖	mài	동 팔다, 판매하다
068	慢	màn	형 느리다
069	忙	máng	형 바쁘다
070	每	měi	대 매, 각, ~마다
071	妹妹	mèimei	명 여동생
072	门	mén	명 문
073	面条	miàntiáo	명 국수
074	男	nán	명 형 남자(의)
075	您	nín	대 당신 ['你'의 높임말]
076	牛奶	niúnǎi	명 우유
077	女	nǚ	명 형 여자(의)
078	旁边	pángbiān	명 옆, 곁
079	跑步	pǎobù	동 달리다, 조깅하다
080	便宜	piányi	형 (값이) 싸다
081	票	piào	명 표, 티켓
082	妻子	qīzi	명 아내
083	起床	qǐchuáng	동 (잠자리에서) 일어나다
084	千	qiān	수 천(1,000)
085	铅笔	qiānbǐ	명 연필
086	晴	qíng	형 (하늘이) 맑다
087	去年	qùnián	명 작년

088	让	ràng	통 ~하게 하다, ~하도록 시키다
089	日	rì	명 날, 일, 해
090	上班	shàngbān	통 출근하다
091	身体	shēntǐ	명 몸, 신체
092	生病	shēngbìng	통 병이 나다, 병에 걸리다
093	生日	shēngrì	명 생일
094	时间	shíjiān	명 시간
095	事情	shìqing	명 일, 사건
096	手表	shǒubiǎo	명 손목시계
097	手机	shǒujī	명 휴대전화
098	说话	shuōhuà	통 말하다
099	送	sòng	통 보내다, 배웅하다, 선물하다
100	虽然…但是…	suīrán… dànshì…	비록 ~이지만 그러나 ~하다
101	它	tā	대 그(것), 저(것)
102	踢足球	tī zúqiú	축구를 하다
103	题	tí	명 문제
104	跳舞	tiàowǔ	통 춤을 추다
105	外	wài	명 밖, 바깥
106	完	wán	통 마치다, 끝나다
107	玩	wán	통 놀다, 놀이하다
108	晚上	wǎnshang	명 저녁
109	往	wǎng	통 ~로 향하다

110	为什么	wèi shénme	대 왜, 무엇 때문에
111	问	wèn	동 묻다, 질문하다
112	问题	wèntí	명 문제
113	西瓜	xīguā	명 수박
114	希望	xīwàng	동 희망하다, 바라다 명 희망
115	洗	xǐ	동 씻다, 빨다
116	小时	xiǎoshí	명 시간
117	笑	xiào	동 웃다
118	新	xīn	형 새롭다
119	姓	xìng	명 성, 성씨 동 성이 ~이다
120	休息	xiūxi	동 휴식하다, 쉬다
121	雪	xuě	명 눈 [날씨]
122	颜色	yánsè	명 색, 색깔
123	眼睛	yǎnjing	명 눈 [신체]
124	羊肉	yángròu	명 양고기
125	药	yào	명 약, 약물
126	要	yào	조동 ~할 것이다, ~해야 한다 동 필요하다
127	也	yě	부 ~도, 역시
128	一起	yìqǐ	부 같이, 함께
129	一下	yíxià	수 한 번, 한 차례 양 시험 삼아 해 보다, 좀 ~하다
130	已经	yǐjīng	부 이미, 벌써
131	意思	yìsi	명 의미, 뜻, 재미

132	阴	yīn	혱 흐리다
133	因为…所以…	yīnwèi… suǒyǐ…	～때문에 그래서 ～하다
134	游泳	yóuyǒng	통 수영하다, 헤엄치다
135	右边	yòubian	명 오른쪽
136	鱼	yú	명 물고기
137	远	yuǎn	혱 (공간적·시간적으로) 멀다
138	运动	yùndòng	통 운동하다 명 운동, 캠페인
139	再	zài	부 또, 재차
140	早上	zǎoshang	명 아침
141	丈夫	zhàngfu	명 남편
142	找	zhǎo	통 찾다
143	着	zhe	조 ～하고 있다, ～한 채로 있다
144	真	zhēn	부 확실히, 진정으로 혱 진실하다
145	正在	zhèngzài	부 지금 ～하고 있다
146	知道	zhīdào	통 알다, 이해하다
147	准备	zhǔnbèi	통 준비하다
148	走	zǒu	통 걷다, 떠나다
149	最	zuì	부 가장, 제일
150	左边	zuǒbian	명 왼쪽

3급 300자

001	阿姨	āyí	명 아주머니
002	啊	a	조 문장 끝에 쓰여 감탄·찬탄을 나타냄
003	矮	ǎi	형 (사람의 키가) 작다, (높이가) 낮다
004	爱好	àihào	명 취미, 애호 동 애호하다
005	安静	ānjìng	형 조용하다
006	把	bǎ	양 자루, 개 [자루가 있는 물건을 세는 단위] 전 ~을(를)
007	班	bān	명 반
008	搬	bān	동 (비교적 크거나 무거운 것을) 옮기다, 운반하다
009	办法	bànfǎ	명 (일을 처리하는) 방법, 수단
010	办公室	bàngōngshì	명 사무실
011	半	bàn	수 절반, 2분의 1
012	帮忙	bāngmáng	동 일손을 돕다, 거들다
013	包	bāo	명 주머니, 가방 동 (종이나 베 혹은 기타 얇은 것으로) 싸다
014	饱	bǎo	형 배부르다
015	北方	běifāng	명 북방, 북쪽
016	被	bèi	전 당하다 [피동문에서 행위자 앞 혹은 행위자를 생략한 채 동사 앞에 사용함]
017	鼻子	bízi	명 코
018	比较	bǐjiào	부 비교적, 상대적으로 동 비교하다
019	比赛	bǐsài	명 경기, 시합 동 경기하다
020	笔记本	bǐjìběn	명 노트, 수첩
021	必须	bìxū	부 반드시 ~해야 한다, 꼭 ~해야 한다

022	变化	biànhuà	명 변화 동 변화하다, 달라지다
023	别人	biérén	대 (나 또는 특정한 사람 이외의) 다른 사람
024	冰箱	bīngxiāng	명 냉장고
025	不但…而且…	búdàn… érqiě…	～뿐만 아니라, 게다가 ～하다
026	菜单	càidān	명 메뉴, 식단
027	参加	cānjiā	동 참가하다, 가입하다, 참여하다
028	草	cǎo	명 풀
029	层	céng	양 층, 겹
030	差	chà	형 나쁘다, 표준에 못 미치다 동 부족하다, 모자라다
031	超市	chāoshì	명 슈퍼마켓
032	衬衫	chènshān	명 와이셔츠, 셔츠, 블라우스
033	成绩	chéngjì	명 (일·학업상의) 성적, 성과, 수확
034	城市	chéngshì	명 도시
035	迟到	chídào	동 지각하다
036	除了	chúle	전 ～을(를) 제외하고
037	船	chuán	명 배, 선박
038	春	chūn	명 봄, 춘계
039	词典	cídiǎn	명 사전
040	聪明	cōngming	형 똑똑하다, 총명하다
041	打扫	dǎsǎo	동 청소하다
042	打算	dǎsuàn	동 ～하려고 하다 명 생각, 계획
043	带	dài	동 몸에 지니다, 휴대하다 명 띠, 벨트

044	担心	dānxīn	통 걱정하다
045	蛋糕	dàngāo	명 케이크
046	当然	dāngrán	형 당연하다, 물론이다 부 당연히
047	地	de	조 ~하게 [부사어로 쓰이는 단어나 구 뒤에 씀]
048	灯	dēng	명 등, 라이트
049	地方	dìfang	명 장소, 곳
050	地铁	dìtiě	명 지하철
051	地图	dìtú	명 지도
052	电梯	diàntī	명 엘리베이터
053	电子邮件	diànzǐ yóujiàn	명 이메일
054	东	dōng	명 동쪽, 동방
055	冬	dōng	명 겨울
056	动物	dòngwù	명 동물
057	短	duǎn	형 짧다
058	段	duàn	양 단락, 토막 [사물의 한 부분을 나타냄]
059	锻炼	duànliàn	통 단련하다, 제련하다
060	多么	duōme	부 얼마나
061	饿	è	형 배고프다
062	耳朵	ěrduo	명 귀
063	发	fā	통 보내다, 건네주다, 발생하다
064	发烧	fāshāo	통 열이 나다
065	发现	fāxiàn	통 발견하다, 알아차리다

066	方便	fāngbiàn	형 편리하다 동 변을 보다
067	放	fàng	동 놓아주다, 놓다, 넣다
068	放心	fàngxīn	동 마음을 놓다, 안심하다
069	分	fēn	명 분, 점수 동 나누다
070	附近	fùjìn	명 부근, 근처
071	复习	fùxí	동 복습하다
072	干净	gānjìng	형 깨끗하다
073	感冒	gǎnmào	명 감기 동 감기에 걸리다
074	感兴趣	gǎn xìngqù	관심이 있다, 흥미를 느끼다
075	刚才	gāngcái	명 아까, 방금 전
076	个子	gèzi	명 (사람의) 키
077	根据	gēnjù	전 ~에 의거하여 명 근거
078	跟	gēn	전 ~와(과) 동 따라가다
079	更	gèng	부 더욱, 더
080	公斤	gōngjīn	양 킬로그램(kg)
081	公园	gōngyuán	명 공원
082	故事	gùshi	명 이야기
083	刮风	guā fēng	바람이 불다
084	关	guān	동 닫다, 가두다
085	关系	guānxì	명 관계 동 관계하다
086	关心	guānxīn	동 관심을 갖다, 관심을 기울이다
087	关于	guānyú	전 ~에 관하여

088	国家	guójiā	명 국가, 나라
089	过	guò	동 가다, 건너다
090	过去	guòqù	명 과거 동 지나가다
091	还是	háishi	접 또는, 아니면 부 여전히, 아직, 그래도
092	害怕	hàipà	동 겁내다, 두려워하다
093	黑板	hēibǎn	명 칠판
094	后来	hòulái	명 그 후, 그 뒤, 그 다음
095	护照	hùzhào	명 여권
096	花①	huā	명 꽃
097	花②	huā	동 (돈이나 시간 등을) 쓰다
098	画	huà	동 그림을 그리다
099	坏	huài	형 나쁘다, 상하다, 고장 나다
100	欢迎	huānyíng	동 환영하다
101	还	huán	동 돌아가다, 돌아오다, 돌려주다, 갚다
102	环境	huánjìng	명 환경
103	换	huàn	동 교환하다
104	黄河	Huáng Hé	고유 황하(강)
105	回答	huídá	동 대답하다, 회답하다
106	会议	huìyì	명 회의
107	或者	huòzhě	접 ～이든가 아니면 ～이다
108	几乎	jīhū	부 거의, 하마터면
109	机会	jīhuì	명 기회

110	极	jí	부 아주, 극히
111	记得	jìde	동 기억하고 있다
112	季节	jìjié	명 계절, 절기
113	检查	jiǎnchá	동 검사하다
114	简单	jiǎndān	형 간단하다, 단순하다
115	见面	jiànmiàn	동 만나다, 대면하다
116	健康	jiànkāng	형 건강하다
117	讲	jiǎng	동 말하다, 이야기하다
118	教	jiāo	동 가르치다
119	角	jiǎo	명 뿔, 모서리, 구석 양 위안(元)의 1/10
120	脚	jiǎo	명 발
121	接	jiē	동 잇다, 연결하다, 받다, 마중하다
122	街道	jiēdào	명 거리
123	节目	jiémù	명 프로그램
124	节日	jiérì	명 기념일, 명절
125	结婚	jiéhūn	동 결혼하다
126	结束	jiéshù	동 끝나다, 마치다
127	解决	jiějué	동 해결하다
128	借	jiè	동 빌리다
129	经常	jīngcháng	부 언제나, 늘
130	经过	jīngguò	동 지나가다, 경과하다
131	经理	jīnglǐ	명 매니저, 지배인

132	久	jiǔ	형 오래다, 시간이 길다
133	旧	jiù	형 헐다, 낡다
134	句子	jùzi	명 문장
135	决定	juédìng	동 결정하다
136	可爱	kě'ài	형 귀엽다
137	渴	kě	형 목이 타다, 목마르다
138	刻	kè	양 15분 동 새기다
139	客人	kèrén	명 손님, 고객
140	空调	kōngtiáo	명 에어컨
141	口	kǒu	명 입 양 식구
142	哭	kū	동 울다
143	裤子	kùzi	명 바지
144	筷子	kuàizi	명 젓가락
145	蓝	lán	형 남색의, 남빛의
146	老	lǎo	형 늙다
147	离开	líkāi	동 떠나다
148	礼物	lǐwù	명 선물
149	历史	lìshǐ	명 역사
150	脸	liǎn	명 얼굴
151	练习	liànxí	명 연습문제, 숙제 동 연습하다, 익히다
152	辆	liàng	양 대, 량 [차량을 세는 단위]
153	聊天	liáotiān	동 한담하다, 이야기하다

154	了解	liǎojiě	동 자세하게 알다, 이해하다
155	邻居	línjū	명 이웃집, 이웃사람
156	留学	liúxué	동 유학하다
157	楼	lóu	명 다층 건물 양 층
158	绿	lǜ	형 푸르다
159	马	mǎ	명 말
160	马上	mǎshàng	부 곧, 즉시
161	满意	mǎnyì	형 만족하다, 만족스럽다
162	帽子	màozi	명 모자
163	米	mǐ	명 쌀
164	面包	miànbāo	명 빵
165	明白	míngbai	동 이해하다, 알다 형 분명하다, 명백하다
166	拿	ná	동 쥐다, 잡다, 가지다
167	奶奶	nǎinai	명 할머니
168	南	nán	명 남, 남쪽
169	难	nán	형 어렵다, 힘들다, 곤란하다
170	难过	nánguò	형 괴롭다, 슬프다
171	年级	niánjí	명 학년
172	年轻	niánqīng	형 젊다, 어리다
173	鸟	niǎo	명 새
174	努力	nǔlì	동 노력하다
175	爬山	páshān	산을 오르다

176	盘子	pánzi	몡 쟁반, 접시
177	胖	pàng	혱 뚱뚱하다
178	皮鞋	píxié	몡 가죽 구두
179	啤酒	píjiǔ	몡 맥주
180	瓶子	píngzi	몡 병
181	其实	qíshí	뷔 사실은
182	其他	qítā	대 기타, 그 외
183	奇怪	qíguài	혱 이상하다, 괴이하다
184	骑	qí	동 (말·자전거 등을) 타다
185	起飞	qǐfēi	동 이륙하다
186	起来	qǐlái	동 일어나다
187	清楚	qīngchu	혱 분명하다, 뚜렷하다
188	请假	qǐngjià	동 휴가를 신청하다
189	秋	qiū	몡 가을
190	裙子	qúnzi	몡 치마
191	然后	ránhòu	접 그런 후에, 그 다음에
192	热情	rèqíng	혱 열정적이다, 친절하다
193	认为	rènwéi	동 ~라고 여기다, ~라고 생각하다
194	认真	rènzhēn	혱 진지하다, 착실하다
195	容易	róngyì	혱 쉽다
196	如果	rúguǒ	접 만약
197	伞	sǎn	몡 우산

198	上网	shàngwǎng	동 인터넷을 하다
199	生气	shēngqì	동 화내다
200	声音	shēngyīn	명 소리, 목소리
201	世界	shìjiè	명 세계
202	试	shì	동 시험삼아 해보다, 시험하다
203	瘦	shòu	형 마르다, 여위다
204	叔叔	shūshu	명 숙부, 작은아버지, 삼촌
205	舒服	shūfu	형 편안하다, 쾌적하다
206	树	shù	명 나무, 수목
207	数学	shùxué	명 수학
208	刷牙	shuā yá	이를 닦다
209	双	shuāng	양 짝, 켤레, 쌍
210	水平	shuǐpíng	명 수준
211	司机	sījī	명 기사, 운전사
212	太阳	tàiyáng	명 태양, 해
213	特别	tèbié	형 특별하다 부 특히
214	疼	téng	형 아프다
215	提高	tígāo	동 제고하다, 향상시키다
216	体育	tǐyù	명 체육
217	甜	tián	형 달다, 달콤하다
218	条	tiáo	양 가늘고 긴 것을 세는 단위
219	同事	tóngshì	명 동료

220	同意	tóngyì	통 동의하다
221	头发	tóufa	명 머리카락
222	突然	tūrán	형 갑작스럽다 부 갑자기, 문득
223	图书馆	túshūguǎn	명 도서관
224	腿	tuǐ	명 다리
225	完成	wánchéng	통 완성하다
226	碗	wǎn	명 그릇 양 그릇
227	万	wàn	수 만(10,000)
228	忘记	wàngjì	통 잊다
229	为	wèi	전 ~을 위하여, ~때문에
230	为了	wèile	전 ~을(를) 하기 위하여
231	位	wèi	양 명, 분 [사람을 세는 단위]
232	文化	wénhuà	명 문화, 교육수준
233	西	xī	명 서쪽
234	习惯	xíguàn	명 버릇, 습관 통 익숙해지다
235	洗手间	xǐshǒujiān	명 화장실
236	洗澡	xǐzǎo	통 목욕하다, 몸을 씻다
237	夏	xià	명 여름
238	先	xiān	부 먼저
239	相信	xiāngxìn	통 믿다, 신임하다
240	香蕉	xiāngjiāo	명 바나나
241	向	xiàng	전 ~로, ~을(를) 향하여

242	像	xiàng	통 같다, 비슷하다, 닮다
243	小心	xiǎoxīn	통 조심하다
244	校长	xiàozhǎng	명 학교장
245	新闻	xīnwén	명 뉴스
246	新鲜	xīnxiān	형 신선하다, 싱싱하다
247	信用卡	xìnyòngkǎ	명 신용카드
248	行李箱	xínglixiāng	명 짐가방
249	熊猫	xióngmāo	명 판다
250	需要	xūyào	통 필요하다
251	选择	xuǎnzé	통 고르다, 선택하다
252	要求	yāoqiú	명 요구 통 요구하다
253	爷爷	yéye	명 할아버지
254	一般	yìbān	형 보통이다, 일반적이다
255	一边	yìbiān	명 한쪽, 한 편 부 ～하면서 ～하다
256	一定	yídìng	부 반드시, 꼭
257	一共	yígòng	부 모두, 전부
258	一会儿	yíhuìr	수 잠시, 잠깐
259	一样	yíyàng	형 같다
260	一直	yìzhí	부 계속, 줄곧, 똑바로
261	以前	yǐqián	명 이전, 예전
262	音乐	yīnyuè	명 음악
263	银行	yínháng	명 은행

264	饮料	yǐnliào	명 음료
265	应该	yīnggāi	조동 ~해야 한다
266	影响	yǐngxiǎng	명 영향　동 영향을 주다
267	用	yòng	동 쓰다, 사용하다
268	游戏	yóuxì	명 게임, 놀이　동 놀다
269	有名	yǒumíng	형 유명하다
270	又	yòu	부 또, 다시
271	遇到	yùdào	동 만나다, 마주치다
272	元	yuán	양 위안 [중국의 화폐 단위]
273	愿意	yuànyì	조동 ~하기를 바라다　동 희망하다
274	月亮	yuèliang	명 달
275	越	yuè	동 뛰어넘다　부 점점 ~하다, ~할수록 ~하다
276	站	zhàn	동 서다, 일어서다　명 정거장, 역
277	张	zhāng	양 장 [종이를 세는 단위]　동 열다, 펼치다
278	长	zhǎng	동 자라다, 생기다
279	着急	zháojí	형 조급해하다
280	照顾	zhàogù	동 돌보다, 간호하다
281	照片	zhàopiàn	명 사진
282	照相机	zhàoxiàngjī	명 사진기, 카메라
283	只①	zhī	양 마리 [동물을 세는 단위]
284	只②	zhǐ	부 단지, 다만
285	只有…才…	zhǐyǒu… cái…	오로지 ~해야만 비로소 ~하다

286	中间	zhōngjiān	명 중간, 가운데
287	中文	Zhōngwén	명 중국어
288	终于	zhōngyú	부 마침내, 결국
289	种	zhǒng	양 종, 종류
290	重要	zhòngyào	형 중요하다
291	周末	zhōumò	명 주말
292	主要	zhǔyào	형 주요하다, 주되다
293	注意	zhùyì	동 주의하다, 조심하다
294	自己	zìjǐ	대 자기, 자신
295	自行车	zìxíngchē	명 자전거
296	总是	zǒngshì	부 늘, 언제나
297	嘴	zuǐ	명 입
298	最后	zuìhòu	형 최후의
299	最近	zuìjìn	명 최근, 요즈음
300	作业	zuòyè	명 숙제, 과제

24쪽

1. C

녹음 지문

A: 请问，在哪儿坐机场大巴?
Qǐngwèn, zài nǎr zuò jīchǎng dàbā?

B: 一直往前走就是。
Yìzhí wǎng qián zǒu jiù shì.

2. C. 机场大巴

녹음 지문

A: 请问，到北京站吗?
Qǐngwèn, dào Běijīng zhàn ma?

B: 你坐机场大巴一号线。
Nǐ zuò jīchǎng dàbā yī hàoxiàn.

问: 到北京站坐什么去?
Dào Běijīng zhàn zuò shénme qù?

3. A. 就 jiù

4. 去北京站坐什么车?
Qù Běijīng zhàn zuò shénme chē?

36쪽

1. B

녹음 지문

A: 请问，到天安门在这儿坐车吗?
Qǐngwèn, dào Tiān'ānmén zài zhèr zuò chē ma?

B: 在对面坐。
Zài duìmiàn zuò.

2. B. 出租车上

녹음 지문

A: 您好，机场到了，一共四十五元。
Nín hǎo, jīchǎng dào le, yígòng sìshíwǔ yuán.

B: 谢谢师傅，给你钱，我要发票。
Xièxie shīfu, gěi nǐ qián, wǒ yào fāpiào.

问: 他们在哪里?
Tāmen zài nǎlǐ?

3. D. 好 hǎo

4. 请问到天安门在这儿坐车吗?
Qǐngwèn dào Tiān'ānmén zài zhèr zuò chē ma?

第三课 48쪽

1. C

녹음 지문

A: 请问，北京大酒店怎么走？
Qǐngwèn, Běijīng Dàjiǔdiàn zěnme zǒu?

B: 一直往前走，在红绿灯往右拐。
Yìzhí wǎng qián zǒu, zài hónglǜdēng wǎng yòu guǎi.

2. B. 四十分钟

녹음 지문

A: 请问海底捞怎么走？
Qǐngwèn Hǎidǐlāo zěnme zǒu?

B: 海底捞有点儿远，一直往前
Hǎidǐlāo yǒudiǎnr yuǎn, yìzhí wǎng qián

走，在十字路口往左拐，
zǒu, zài shízì lùkǒu wǎng zuǒ guǎi,

再走十分钟，一共四十分钟能到。
zài zǒu shí fēnzhōng, yígòng sìshí fēnzhōng néng dào.

问: 到海底捞一共需要多长时间？
Dào Hǎidǐlāo yígòng xūyào duō cháng shíjiān?

3. B. 就 jiù

4. 在第二个十字路口往左拐就是。
Zài dì èr ge shízì lùkǒu wǎng zuǒ guǎi jiù shì.

第四课 60쪽

1. B

녹음 지문

A: 欢迎光临！您要点什么？
Huānyíng guānglín! Nín yào diǎn shénme?

B: 一号套餐一个，谢谢。
Yī hào tàocān yí ge, xièxie.

2. B. 三个人

녹음 지문

A: 欢迎光临！几位？
Huānyíng guānglín! Jǐ wèi?

B: 三个人。我们要一个这个，
Sān ge rén. Wǒmen yào yí ge zhège,

两个这个，三碗饭，还有
liǎng ge zhège, sān wǎn fàn, háiyǒu

两瓶可乐，一瓶矿泉水。
liǎng píng kělè, yì píng kuàngquánshuǐ.

问: 他们有几位？
Tāmen yǒu jǐ wèi?

3. C. 还是 háishi

4. 不要放香菜。
Búyào fàng xiāngcài.

第六课 84쪽

1. C

녹음 지문

A: 老板，这个多少钱?
　　Lǎobǎn, zhège duōshao qián?

B: 一个三块，两个五块。
　　Yí ge sān kuài, liǎng ge wǔ kuài.

2. B. 两块

녹음 지문

A: 老板，三块太贵了，再便宜
　　Lǎobǎn, sān kuài tài guì le, zài piányi

点儿吧，我买三个。
diǎnr ba, wǒ mǎi sān ge.

B: 那三个六块吧，不能再便宜了。
　　Nà sān ge liù kuài ba, bù néng zài
piányi le.

问: 最便宜一个多少钱?
　　Zuì piányi yí ge duōshao qián?

3. D. 多少 duōshao

4. 能不能便宜点儿?
Néng bu néng piányi diǎnr?

第七课 96쪽

1. A

녹음 지문

A: 你好，我想办理入住。
　　Nǐ hǎo, wǒ xiǎng bànlǐ rùzhù.

B: 您预约了吗?
　　Nín yùyuē le ma?

2. C. 190块

녹음 지문

A: 你好，我想退房。
　　Nǐ hǎo, wǒ xiǎng tuìfáng.

B: 您的押金一共两百元，
　　Nín de yājīn yígòng liǎngbǎi yuán,

您买了两瓶可乐，一共
nín mǎi le liǎng píng kělè, yígòng

十元，给您押金一百九十元。
shí yuán, gěi nín yājīn yìbǎi jiǔshí yuán.

问: 给他押金多少钱?
　　Gěi tā yājīn duōshao qián?

3. D. 到 dào

4. 可以寄存行李吗?
Kěyǐ jìcún xíngli ma?

第八课 108쪽

1. B

녹음 지문

A: 你好，我想预约今天晚上三个人。
Nǐ hǎo, wǒ xiǎng yùyuē jīntiān wǎnshang sān ge rén.

B: 好的，三位的晚餐已经预约好了。
Hǎo de, sān wèi de wǎncān yǐjīng yùyuē hǎo le.

2. B. 17：00

녹음 지문

A: 你好，我想预约明天
Nǐ hǎo, wǒ xiǎng yùyuē míngtiān

晚上五点的晚餐。
wǎnshang wǔ diǎn de wǎncān.

B: 我们五点不开门，六点可以吗?
Wǒmen wǔ diǎn bù kāimén, liù diǎn kěyǐ ma?

请您六点十五分之前到。
Qǐng nín liù diǎn shíwǔ fēn zhīqián dào.

问: 他想预约几点的晚餐?
Tā xiǎng yùyuē jǐ diǎn de wǎncān?

3. C. 好 hǎo

4. 请您五点十分前到达。
Qǐng nín wǔ diǎn shí fēn qián dàodá.

 第九课 120쪽

1. A

녹음 지문

A: 您好，我要报案。
Nín hǎo, wǒ yào bào'àn.

B: 好的，您稍等。
Hǎo de, nín shāo děng.

2. C. 钱包

녹음 지문

A: 您好，我的钱包丢了，
Nín hǎo, wǒ de qiánbāo diū le,

里面有两千块钱。
lǐmian yǒu liǎngqiān kuài qián.

B: 您的钱包在哪儿丢的? 护照带了吗?
Nín de qiánbāo zài nǎr diū de? Hùzhào dài le ma?

问: 他丢了什么?
Tā diū le shénme?

3. C. 哪 nǎ

4. 可能是在出租车上丢的。
Kěnéng shì zài chūzūchē shang diū de.

중국어 실력 점검 TEST 1회　74쪽

정답

⊙ 듣기 영역

1. O	2. X	3. O	4. A	5. D
6. D	7. D	8. B	9. B	10. B

⊙ 독해 영역

11. C	12. A	13. B	14. D	15. C
16. B	17. A			

18. 不要放香菜。
Búyào fàng xiāngcài.

19. 您要点什么？
Nín yào diǎn shénme?

20. 走路五分钟就到。
Zǒulù wǔ fēnzhōng jiù dào.

녹음 지문

1. A: 你好，去北京站坐什么车？
Nǐ hǎo, qù Běijīng zhàn zuò shénme chē?
B: 机场大巴一号线。
Jīchǎng dàbā yī hàoxiàn.

2. A: 请问这一站是天安门吗？
Qǐngwèn zhè yí zhàn shì Tiān'ānmén ma?
B: 不，是下一站。
Bù, shì xià yí zhàn.

3. A: 欢迎光临，几位？
Huānyíng guānglín, jǐ wèi?
B: 三个人。
Sān ge rén.

4. A: 我去首都国际机场。
Wǒ qù Shǒudū Guójì Jīchǎng.
B: 好的，请系好安全带。
Hǎo de, qǐng jìhǎo ānquándài.

5. A: 请问医院怎么走？
Qǐngwèn yīyuàn zěnme zǒu?
B: 在红绿灯往右拐。
Zài hónglǜdēng wǎng yòu guǎi.

6. A: 请问，北京大酒店怎么走？
Qǐngwèn, Běijīng Dàjiǔdiàn zěnme zǒu?
B: 往前走。
Wǎng qián zǒu.
问：北京大酒店怎么走？
Běijīng Dàjiǔdiàn zěnme zǒu?

7. A: 欢迎光临，您要点什么？
Huānyíng guānglín, nín yào diǎn shénme?
B: 一碗米饭，一个糖醋肉还有一瓶矿泉水。
Yì wǎn mǐfàn, yí ge tángcùròu hái yǒu yì píng kuàngquánshuǐ.
问：他没点什么？
Tā méi diǎn shénme?

8. A: 在这儿吃还是打包？
Zài zhèr chī háishi dǎbāo?
B: 带走。
Dài zǒu.
问：他在哪儿吃？
Tā zài nǎr chī?

9. A: 你好，去北京站坐什么车？
Nǐ hǎo, qù Běijīng zhàn zuò shénme chē?
B: 机场大巴五号线。
Jīchǎng dàbā wǔ hàoxiàn.
A: 车票多少钱？
Chēpiào duōshao qián?
B: 成人二十块，儿童十块。
Chéngrén èrshí kuài, értóng shí kuài.
问：机场大巴成人车票多少钱？
Jīchǎng dàbā chéngrén chēpiào duōshao qián?

10. A: 请问北京大酒店怎么走？
Qǐngwèn Běijīng Dàjiǔdiàn zěnme zǒu?
B: 前面红绿灯往左拐。
Qiánmiàn hónglǜdēng wǎng zuǒ guǎi.
A: 第一个红绿灯吗？
Dì yí ge hónglǜdēng ma?
B: 不，第二个红绿灯。
Bù, dì èr ge hónglǜdēng.
问：在第几个红绿灯往左拐？
Zài dì jǐ ge hónglǜdēng wǎng zuǒ guǎi?

정답

⊙ 듣기 영역

1. O	2. O	3. X	4. C	5. D
6. C	7. C	8. A	9. B	10. A

⊙ 독해 영역

11. B	12. C	13. C	14. D	15. B
16. C	17. A			

18. 已经预约好了。
Yǐjīng yùyuē hǎo le.

19. 能不能便宜点儿？
Néng bu néng piányi diǎnr?

20. 这儿可以寄存行李吗？
Zhèr kěyǐ jìcún xíngli ma?

녹음 지문

1. A: 老板这个多少钱？
Lǎobǎn zhège duōshao qián?
B: 十二块。
Shí'èr kuài.

2. A: 师傅，到机场。
Shīfu, dào jīchǎng.
B: 好的，请您系好安全带。
Hǎo de, qǐng nín jìhǎo ānquándài.

3. A: 你好，我想办理入住。
Nǐ hǎo, wǒ xiǎng bànlǐ rùzhù.
B: 请您出示护照。
Qǐng nín chūshì hùzhào.

4. A: 警官您好，我的护照丢了。
Jǐngguān nín hǎo, wǒ de hùzhào diū le.
B: 在哪儿丢的？
Zài nǎr diū de?

5. A: 你好，我想预约今天晚上五点三个人。
Nǐ hǎo, wǒ xiǎng yùyuē jīntiān wǎnshang wǔ diǎn sān ge rén.
B: 好的，您贵姓？
Hǎo de, nín guì xìng?

6. A: 您住在哪个酒店？
Nín zhùzài nǎge jiǔdiàn?
B: 北京大酒店1905号房间。
Běijīng Dàjiǔdiàn 1905 hào fángjiān.
问：他住在哪个房间？
Tā zhùzài nǎge fángjiān?

7. A: 您好，入住押金三百，请您出示护照。
Nín hǎo, rùzhù yājīn sānbǎi, qǐng nín chūshì hùzhào.
B: 好的，这是我的护照。
Hǎo de, zhè shì wǒ de hùzhào.
问：他在哪儿？
Tā zài nǎr?

8. A: 老板，我要这个和那个。可以刷卡吗？
Lǎobǎn, wǒ yào zhège hé nàge. Kěyǐ shuākǎ ma?
B: 现金、刷卡和手机支付都可以。
Xiànjīn、shuākǎ hé shǒujī zhīfù dōu kěyǐ.
问：下面哪种支付不可以？
Xiàmiàn nǎ zhǒng zhīfù bù kěyǐ?

9. A: 你好，退房。
Nǐ hǎo, tuìfáng.
B: 这是您的押金两百元。
Zhè shì nín de yājīn liǎngbǎi yuán.
A: 这里可以寄存行李吗？
Zhèlǐ kěyǐ jìcún xíngli ma?
B: 可以，请在这里签名。
Kěyǐ, qǐng zài zhèlǐ qiānmíng.
问：下面他会做什么？
Xiàmiàn tā huì zuò shénme?

10. A: 请问是海底捞吗？我想预约。
Qǐngwèn shì Hǎidǐlāo ma? Wǒ xiǎng yùyuē.
B: 好的，几位？
Hǎo de, jǐ wèi?
A: 五个人，今天晚上八点，可以吗？
Wǔ ge rén, jīntiān wǎnshang bā diǎn, kěyǐ ma?
B: 可以，请您八点十五分之前到达。
Kěyǐ, qǐng nín bā diǎn shíwǔ fēn zhīqián dàodá.
问：他预约了几点？
Tā yùyuē le jǐ diǎn?

칭찬도장판 ❶

🌸 Upgrade 활동

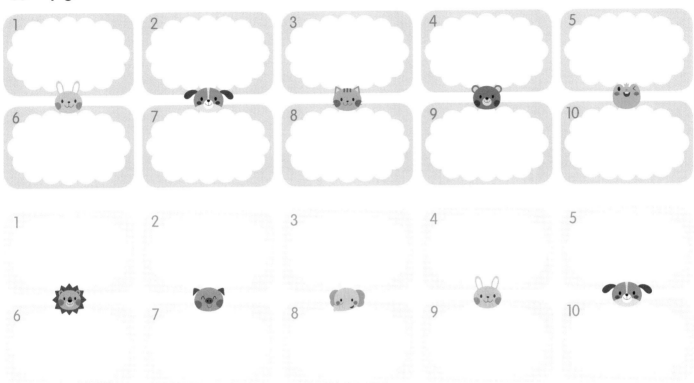

🌸 골든벨 QUIZ판

학년　　　반　이름:

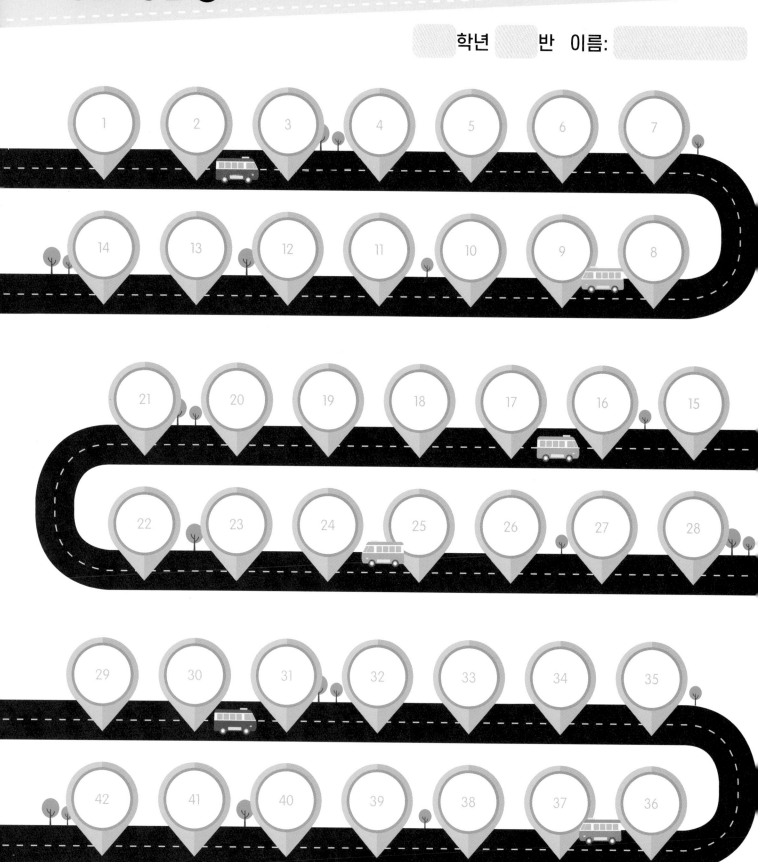

중국어, 영어, 원리 한자까지 한 권으로 정복!

멀티 중국어

권준모·왕씬잉 공저

별책부록
책
부록
부수 한자
정리 노트

시사중국어사

중국어, 영어, 원리 한자까지 한 권으로 정복!

멀티 중국어

권준모 · 왕씬잉 공저

별책부록

책

별 책
부 록

부수 한자
정리 노트

시사중국어사

부수 한자 정리 노트

멀티 인재로 나아가는 원리 한자 학습법

권준모(權埈模)

$$礎 = 石 + 木 + 木 + 疋$$
$$醫 = 匸 + 矢 + 殳 + 酉$$
$$禾, 米, 末, 未, 本, 休, 林, 森 \ni 木$$
$$木 < 禾 < 秉 < 兼 < 謙$$
$$勹 ≒ 包 ≒ 抱 ≒ 砲 ≒ 飽 ≒ 泡 ≒ 鮑$$

1. 멀티(Multi) 인재의 기초

2002한일월드컵에서 4강 신화를 이루어낸 히딩크 감독으로 인해 유행하게 된 말, 바로 '멀티 플레이어(Multi-player)'입니다. 멀티 플레이어란 여러 가지 포지션(Position)을 능숙하게 소화해낼 수 있는 선수를 말합니다.

오늘날은 영어뿐만 아니라 G2 신흥 강국인 중국을 이해하고 중국어 능력까지 갖추고 있으며, 적절한 어휘로 자신의 주장을 표현하여 원활하게 업무 수행을 할 수 있는 실력과 유연한 사고 및 좋은 인성까지 겸비한 멀티(Multi) 인재를 요구하고 있습니다. 그래서 여러 기업에서는 멀티 인재가 갖추어야 할 조건 중의 하나로 중국어와 한자를 중요시하고 있으며, 취업이나 승진 시 가산점을 부여하고 있습니다. 전경련(全國經濟人聯合會)과 경총(韓國經營者總協會) 등 경제 5단체가 신입사원 채용 시 중국어능력시험과 한자능력검증시험을 볼 것을 권고하면서 이제 중국어와 한자 학습은 더 이상 선택이 아닌 필수가 되어 가고 있습니다.

우리말의 70%가 한자어로 이루어졌다는 부인할 수 없는 사실 앞에서 어쩌면 당연한 것인지도 모릅니다. 올바른 한자교육이야말로 어휘력뿐만 아니라 사고의 유연성과 창의성을 자연스럽게 기를 수 있습니다.

2. 원리 한자와 기초 부수자

우리말의 어휘는 대략 25만 개이며 그중에 주로 쓰이는 어휘 수는 약 10만 개 정도라고 학자들은 말합니다. 그런데 더 놀라운 사실은 우리말의 70% 정도가 한자어이며, 자주 쓰이는 어휘 10만 개는 한자 1,800자의 조합으로 대부분 구성이 되어 있습니다. 학교에서 배우는 수업 용어들만 살펴보아도 대부분 한자어로 되어 있음을 알 수 있습니다.

> 예 ① 분포도 (**分布圖** = 나눌 **분** + 펼 **포** + 그림 **도**: 나누어 펼쳐 놓은 그림)
> ② 포유류 (**哺乳類** = 먹일 **포** + 젖 **유** + 무리 **류**: 젖을 먹이는 무리의 동물)
> ③ 분수(**分數**), 지리(**地理**), 생물(**生物**), 산수(**算數**), 수동태(**受動態**) 등

물고기를 한 번에 쉽게 많이 잡기 위해서는 그물이 필요하듯이 모든 과목을 잘 이해하기 위한 중요한 도구가 되는 것이 바로 한자 어휘입니다. 따라서 한자를 잘 이해하고 있는 사람이 우리말도 더 잘 이해하고 사용할 수 있습니다. 여기서 재미있는 사실 하나는 상용한자 1,800자 중에서 무조건 외워야 하는 한자는 약 10% 밖에 되지 않으며, 그 단어들의 대부분이 214자의 부수자라는 것입니다. 그리고 나머지 90%의 한자는 이 부수자를 서로 결합해서 만들어낸 한자입니다. 이를 풀어서 설명한 것이 바로 '원리 한자'입니다. '원리 한자'는 다음과 같이 구분할 수 있습니다.

1) '부수자의 뜻' + '부수자의 음'으로 이루어진 경우의 원리 한자입니다.

> 예 ① 抱 안을 포 = 扌(水) 손 수 + 包 쌀 포: 손으로 안아주는 모습을 본뜬 글자
> ② 防 막을 방 = 阝(阜) 언덕 부 + 方 모 방: 언덕이 막고 있는 것을 의미하는 글자
> ③ 依 의지할 의 = 亻(人) 사람 인 + 衣 옷 의: 추운 날씨에 사람이 따뜻한 옷에 의지함

2) '부수자의 뜻' + '부수자의 뜻'으로 이루어진 경우의 원리 한자입니다.

> 예 醫 의원 의 = 匚 상자 방 + 矢 화살 시 + 殳 창/몽둥이 수 + 酉 닭/술 유
> 상자 안에 상처 부위를 도려낼 때 사용하는 뾰족한 화살촉과 재갈을 물리는 몽둥이, 소독용 술을 가지고 다니는 사람이 바로 '의원'이라는 의미

3) 그물 한자로 한번에 익히는 원리 한자입니다.

包	抱	砲	袍	飽	疱	泡
쌀 **포**	안을 **포**	대포 **포**	도포 **포**	배부를 **포**	물집 **포**	거품 **포**

▼부수▼

勹	扌	石	衣	食	疒	氵
쌀 **포**(쌀포몸)	손 **수**	돌 **석**	옷 **의**(옷의변)	밥 **식**	병들 **녁**	물 **수**(삼수변)

위와 같이 부수로 한자를 이해하는 방식은 거의 대다수 한자의 의미를 어느 정도 파악할 수 있습니다.

3. 효과적인 한자 학습법

1) 먼저 한자의 **부수자**를 철저하게 암기해야 합니다.

한글을 배우려면 자음과 모음을 반드시 외워야 하듯이, 한자를 배우려면 가장 먼저 214자의 부수자를 반드시 외워야 합니다. 이는 한자의 기초이자 그물 역할을 하는 것입니다.

2) 부수가 가지고 있는 **원래의 뜻**과 **바뀐 뜻**을 함께 기억해야 합니다.

대부분의 부수자는 원래 만들어질 때의 뜻과 같이 쓰이지만, 일부 부수자의 경우 시간이 지나면서 원래의 뜻이 아닌 다른 뜻으로 쓰이기도 합니다. 그럴 경우 부수자 혼자서 쓰일 때는 오늘날에 쓰이는 한자의 뜻으로 쓰이지만, 다른 부수자와 함께 쓰여 어떤 글자를 만들 때는 원래의 의미로 사용되는 경우가 대부분입니다.

예 ① **十** 열 **십** (여러 번) ➜ **協** 합할 **협** = '**十** 여러 사람'이 '**力** 힘'을 합하고 있는 모습
　　② **八** 여덟 **팔** (나누다) ➜ **分** 나눌 **분** = '**刀** 칼'로 '**八** 나눈다'는 의미

3) 부수자의 **분해**와 **결합**으로 한자를 학습해야 합니다.

올바른 방법으로 부수자에 기초하여 제대로 한자 학습을 한다면, 한자끼리 연관성을 파악해 분해하고 결합하는 과정에서 응용력과 창의성까지 기를 수 있습니다.

예 **礎** 주춧돌 **초**: 집 지을 때 기초가 되는 나무 기둥을 박을 수 있는 사람의 발 역할을 하는 돌
　　= **石** 돌 **석** + **木** 나무 **목** + **疋** 발 **소**

한자(漢字) 이해하기

1. 대나무에 쓰여진 한자

한자는 처음에 바위나 거북이 등껍질 같은 넓적한 곳에 쓰다가 나중에는 주로 좁고 기다란 대나무 죽간(竹)에 쓰여졌기 때문에 자연스럽게 다음과 같이 한자가 발전했습니다.

1) 둥근 사물의 모양은 쓰기 편하도록 각진 형태로 바꾸어서 표기합니다.
   예 日 해, 口 입, 面 얼굴

2) 옆으로 길죽한 모양의 한자는 세워서 표기합니다.
   예 目 눈, 豕 돼지, 犬 개

2. 한자는 폼생폼사!

대부분의 한자는 여러 부수자가 합쳐져서 새로운 글자로 만들어진 것입니다. 이때 모양을 예쁘게 하기 위해 왼쪽이나 아래에 쓰이는 부수자의 형태가 바뀌는 경우가 있습니다.

   예 ① 人 + 木 = 人木 → 休 쉴 휴
       ② 水 + 木 = 水木 → 沐 목욕할 목
       ③ 心 + 靑 = 心靑 → 情 뜻 정

3. 한자는 번체자? 중국어는 간체자?

정자(正字)라고도 하는 번체자(繁體字)는 오늘날 우리나라와 일본, 대만과 홍콩 등에서 쓰고 있는 한자이고, 약자(略字)라고도 하는 간체자(簡體字)는 현재 중국어로 쓰고 있는 한자입니다. 간체자는 근대 중국사회에서 한자의 복잡함으로 인해 많은 백성들이 한자를 잘 읽지 못하고 잘 쓰지 못하는 문맹률이 높다는 사실이 여러 학자들에 의해 제기되었습니다. 이에 중국정부는 1956년 '한자간략화 방안'을 발표하고 약 2,000자의 복잡한 한자들을 간략화하여 보급하기 시작하였고 오늘날의 중국어 한자로 자리매김을 하게 되었습니다.

그러나 상당수의 간체자는 고대 중국에서 이미 만들어져 학자들 사이에는 사용되어 왔었고, 그것을 토대로 새롭게 정립하게 되었습니다. 중국의 모든 한자들이 간체자인 것은 아니며, 많은 부분은 우리나라의 한자와 동일한 한자를 쓰고 있고 실생활에서 자주 쓰이는 상용 간체자는 300여 개 정도입니다. 오늘날 중국에서 쓰고 있는 간체자는 주로 다음과 같은 원리로 만들어졌습니다.

1) 옛날에 쓰던 약자들은 그대로 사용합니다.

　예　無 없을 **무** = 无 ｜ 氣 기운 **기** = 气 ｜ 體 몸 **체** = 体

2) 고대 한자인 일부 해서체를 사용합니다.

　예　東 동녘 **동** = 东 ｜ 樂 풍유 **악** = 乐 ｜ 買 살 **매** = 买

3) 복잡한 획수는 과감하게 간단히 줄였습니다.

　예　魚 물고기 **어** = 鱼 ｜ 變 변할 **변** = 变

4) 번체자의 일부 한자를 쓰면서 간소화했습니다.

　예　觀 볼 **관** = 观 ｜ 區 구역 **구** = 区 ｜ 齊 가지런할 **제** = 齐

5) 복잡한 글자의 일부만을 사용하여 간소화했습니다.

　예　習 익힐 **습** = 习 ｜ 蟲 벌레 **충** = 虫 ｜ 醫 의원 **의** = 医

6) 그 외 같은 발음을 가진 동음자를 사용하여 간단한 글자로 간소화했습니다.

　예　機 기계 **기** = 机 에서 **几** ｜ 遠 멀 **원** = 远 에서 **元**의 동일한 발음 사용

4. 한자 쓰기 순서

한자를 쓰는 순서를 필순(筆順)이라고 합니다. 필순은 한자를 보다 쉽고 편리하게 쓰도록 순서를 정해놓은 것이기 때문에 글씨체나 나라에 따라 다를 수도 있으므로, 한자의 필순을 너무 강요하지 말고 큰 원칙을 기억하여 쓰는 것이 좋습니다.

1) 필순의 세 가지 대원칙

① 위에서 아래로 씁니다. **예** 二 三

② 왼쪽에서 오른쪽으로 씁니다. **예** 丿 亻 仁

③ 가로획을 먼저 쓰고 세로획을 나중에 씁니다. **예** 一 十 古 古 古

2) 필순의 일반 원칙

① 좌우 모양이 대칭일 때는 가운데를 먼저 씁니다.

　예 亅 小 小

② 꿰뚫는 획은 가장 나중에 씁니다.

　예 丨 冂 回 中

③ 삐침(丿)과 파임(乀)이 있을 경우 삐침을 먼저 쓰고 파임은 나중에 씁니다.

　예 丿 人

④ 한자의 몸이 되는 테두리 부분을 먼저 씁니다.

　예 丨 冂 内 内

⑤ 받침으로 쓰는 글자는 독립 글자를 먼저 씁니다. 단, 모두 독립 글자일 경우에는 앞에서부터 순서대로 씁니다.

　예 亡 厂 斤 斤 近 近 近

　　 圭 圭 圭 耂 耂 走 起 起 起

⑥ 오른쪽 위의 점은 가장 나중에 찍습니다.

　예 一 十 大 犬

⑦ 위의 규칙에 예외인 경우의 글자도 있습니다.

　예 丶 丷 少 火

❶ 사람의 모습과 관련된 주요 부수자

번호	부수자	뜻과 음	의미	참고
1	人(亻)	사람 **인**	서 있는 사람의 옆에서 본 모습	
2	儿	어진 사람 **인**	무릎 꿇고 앉아 있는 듯한 사람의 모습	걷는 사람
3	大	큰 **대**	두 팔과 두 다리 모두 벌리고 서 있는 사람의 모습	
4	立	설 **립**	땅 위에 두 발을 붙이고 서 있는 사람의 모습	
5	尢	절름발이 **왕**	한 쪽 다리를 저는 절름발이 사람의 모습	
6	匕	비수 **비**	팔과 다리를 펴고 앉아 있는 사람의 옆 모습	
7	比	견줄 **비**	두 사람이 '匕'처럼 나란히 앉아 있는 사람의 모습	
8	卩	무릎 꿇을 **절**	병부를 받을 때처럼 무릎 꿇고 앉은 사람의 모습	병부 **절**
9	子	아들 **자**	양팔을 벌리고 누워 있는 어린아이의 모습	아이 **자**
10	女	여자 **녀**	두 손을 앞으로 모으고 앉아 있는 여자의 모습	계집 **녀**

❷ 사람의 얼굴(눈/코/입/머리 등) 부분과 관련된 주요 부수자

번호	부수자	뜻과 음	의미	참고
1	目	눈 **목**	사람의 눈을 세로로 세운 모양	
2	自	스스로 **자**	사람의 콧대와 콧구멍 모양	코
3	口	입 **구**	사람의 입 모양	
4	耳	귀 **이**	사람의 귀와 귓바퀴 모양	
5	首	머리 **수**	머리카락과 코를 중심으로 표현한 사람의 머리 모양	
6	頁	머리 **혈**	머리와 코를 중심으로 목 부분까지 표현한 사람의 머리 모양	
7	面	얼굴 **면**	사람의 머리와 코와 둥근 얼굴 모양	
8	臣	신하 **신**	엎드려서 왕을 바라보는 신하의 눈동자 모양	
9	舌	혀 **설**	뱀의 혀 모양 / 말할 때 입에서 움직이는 사람의 혀 모양	
10	齒	이 **치**	사람의 아랫니와 윗니를 가지런하게 표현한 모양	
11	牙	어금니 **아**	사람의 이의 뿌리까지 함께 표현한 어금니의 모양	

❸ 손과 관련된 주요 부수자

번호	부수자	뜻과 음	의미	참고
1	手(扌)	손 **수**	사람의 다섯 손가락과 손바닥을 함께 나타낸 모양	
2	又	또 **우**	사람/짐승의 손을 간단한 기호로 나타낸 모양	오른손
3	彐	돼지 머리 **계**	사람/짐승의 손을 간단한 기호로 나타낸 모양	오른손
4	爪(爫)	손톱 **조**	손톱이 드러난 사람의 손가락과 손 모양	
5	屮	왼손 **좌**	사람/짐승의 손을 간단한 기호로 나타낸 모양	싹날 **철**
6	廾	받들 **공**	공손히 받들고 있는 사람의 두 손 모양	두 손
7	臼	절구 **구**	함께 사용하는 사람의 양손 모양	양손 **구**
8	寸	마디 **촌**	손목까지를 한 마디로 해서 표현한 사람의 손 모양	
9	支	가지 **지**	사람이 손(又)으로 나뭇가지를 들고 있는 모습	지탱하다
10	攴(攵)	칠 **복**	사람이 손(又)으로 다듬은 나뭇가지를 들고 치려는 모습	
11	殳	칠 **수**	사람이 손(又)에 몽둥이(창)를 든 채 때리려는 모습	창, 몽둥이

❹ 발(발 모양/발걸음)과 관련된 주요 부수자

번호	부수자	뜻과 음	의미	참고
1	夂	걸을 **쇠**	기호로 표현한 사람의 발 모양	발
2	夊	뒤져 올 **치**	사람의 발 모양을 기호로 나타낸 모양	발
3	止	그칠 **지**	땅에 딛고 있는 발 모양으로 멈추고 그친다는 의미	
4	疋	발 **소**	발목까지의 발 모양	
5	足	발 **족**	무릎 아래의 발과 다리 모양	
6	舛	어긋날 **천**	서로 다른 방향을 가리키는 어그러진 두 발의 모양	어그러지다
7	韋	가죽 **위**	성을 에워싸고 있는 사람들의 발 모양	에워쌀 **위**
8	步	걸음 **보**	오른발과 왼발을 차례로 내딛는 걸음을 나타낸 모양	
9	辵(辶)	쉬어갈 **착**	조금 걸을/길 척(彳)과 발 소(疋)로 '가다'라는 의미	책받침
10	廴	길게 걸을 **인**	'彳'를 길게 당긴 모양으로 '길게 늘어지게 걷다'라는 의미	책받침
11	癶	걸을 **발**	두 발로 걸어가는 발 모양	

부수 한자 214자 쓰기 연습

번호	부수자	뜻과 음	쓰기 연습					
1	一	하나 **일**						
	yī	나뭇가지 하나 또는 선 하나를 본떠서 만든 모양으로, 혼자 쓰이면 '하나'라는 뜻이고 그 외에는 '하늘, 땅'의 의미로도 쓰임 예 무						
2	丨	뚫을 **곤**						
	-	송곳이나 막대기 모양을 본뜬 글자로, '(위에서 아래로) 뚫음'의 뜻을 나타내거나 어떤 사물의 모양을 나타내기도 함 예 中						
3	丶	점 **주**						
	-	등불의 불꽃 모양을 본뜬 글자로 '점', '등불', '불똥'의 뜻을 가지며 '불똥 주'라고도 함 예 丸						
4	丿	삐칠 **별**						
	-	오른쪽 위에서 왼쪽 아래로 비스듬히 삐쳐 있는 실이나 끈의 모양을 본뜬 글자로, 한 획으로 쓰여 어떤 사물의 모양을 나타냄 예 久						
5	乙	새 **을**						
	yǐ	물 위에 떠있는 새의 모양을 본뜬 글자로, 추후 '둘째', '아무개'의 뜻이 첨가되었으며 별다른 뜻 없이 사물의 모양을 나타내기도 함 예 九						
6	亅	갈고리 **궐**						
	-	아래의 끝이 구부러진 갈고리의 모양으로, 갈고리의 뜻으로 쓰이는 경우는 극히 드물고 한 획으로써 어떤 사물의 모양을 나타냄 예 爭						
7	二	두 **이**						
	èr	선을 두 개 그어 '둘'의 뜻을 나타내며, '하늘과 땅'이라는 의미로도 쓰임 예 五						

8	亠	돼지해머리 **두**							
	-	사람의 머리 모양이나 집의 지붕 모양을 본뜬 글자로, 주로 '머리'의 뜻으로 쓰임 예 亡							
9	人(亻)	사람 **인**							
	rén	걸어가고 있는 사람의 옆모습을 본뜬 글자로, 어떤 글자의 왼쪽에 쓰일 때는 '亻'로 형태로 바뀌어 사용됨 예 休							
10	儿	어진 사람 **인**							
	ér	사람이 무릎을 꿇고 있는 겸손한 모습을 본뜬 글자로 대부분 '사람', '무릎 꿇고 있는 사람'이라는 뜻으로 쓰임 예 兄							
11	入	들 **입**							
	rù	화살촉과 같이 뾰족한 모양을 본뜬 글자로, 윗부분이 들어갈 때 갈라진 아랫부분도 뒤따라 들어가므로 '들어가다/오다'는 뜻으로 쓰임 예 全							
12	八	여덟 **팔** (나누다)							
	bā	어떤 물건을 나누기 위해 양쪽으로 잡아당기는 것을 본뜬 글자로, 원래는 '나누다'의 뜻이었으나 나중에 '여덟'의 뜻으로 쓰이게 됨 예 半							
13	冂	멀 **경**							
	-	멀리 둘러싸고 있는 나라의 '경계' 또는 '성곽'의 모양 본뜬 글자로, '멀다'라는 의미와 함께 '경계 경'이라고도 부름 예 內							
14	冖	덮을 **멱**							
	-	보자기로 물건을 덮어 놓은 모양을 본뜬 글자로, 집의 지붕 모양을 나타내기도 하여 '덮다' 또는 '집'의 의미로 쓰임 예 受							
15	冫	얼음 **빙**							
	-	얼음의 결 또는 고드름 모양을 본뜬 글자로 '이수변'이라고도 부르며, '氷(얼음 빙)'은 부수자가 아니라 혼자 쓰이는 글자임 예 冬							

16	几	안석 궤					
	jǐ	사람이 기대어 앉을 수 있는 상('안석'이라고 부름)의 모양을 본뜬 글자로, '책상'의 뜻이나 어떤 사물의 모양을 나타냄 예 几					
17	凵	그릇 감					
	-	물건을 담을 수 있는 그릇의 모양 또는 사람이 입 벌리고 있는 모양을 본뜬 글자로, '그릇', '구덩이'의 뜻으로 쓰임 예 凶					
18	刀(刂)	칼 도					
	dāo	칼의 모양을 본뜬 글자로, 어떤 글자의 오른쪽에 쓰일 때는 '刂'로 모양이 바뀌어 쓰임 예 分					
19	力	힘 력					
	lì	농사지을 때 사용하는 쟁기 모양의 농기구 또는 힘쓸 때 힘줄이 볼록하게 생기는 모양을 본뜬 글자 예 加					
20	勹	쌀 포 / 안을 포					
	-	사람이 몸을 구부려 두 팔로 물건을 감싸고 있는 모양을 본뜬 글자로, '(물건을) 안다', '싸다'의 뜻으로 쓰임 예 包					
21	匕	비수 비					
	bǐ	비수(칼)나 숟가락 모양을 본뜬 글자로 앉아 있는 사람의 모습을 나타내기도 함 예 比					
22	匚	상자 방					
	-	네모난 상자 모양을 본뜬 글자 예 匠					
23	匸	감출 혜					
	-	뚜껑을 덮은 상자의 모양을 본뜬 글자로 뚜껑을 덮어 '감추다'의 뜻을 나타냄 예 亡					

24	十	열 **십** (여러 번)
	shí	끈에 매듭 하나를 묶어 놓은 모양으로 숫자 '열'을 뜻하며, '여러 사람', '여러 번'의 뜻으로도 쓰임 예 協
25	卜	점 **복**
	bǔ	거북이 등껍질의 갈라진 모양을 본뜬 글자로, 옛날에는 거북이 등에 점을 쳤으므로 '점치다'의 뜻으로 쓰임 예 店
26	卩(㔾)	무릎마디/병부 **절** (무릎 꿇다)
	-	구부러진 무릎마디의 모양, 무릎 꿇은 사람의 모습을 본뜬 글자로, 오른쪽에 쓰일 때는 '卩', 아래쪽에 쓰일 때는 '㔾'로 쓰임 예 危
27	厂	언덕 **한**/굴바위 **엄**
	chǎng	산기슭에 바위가 옆으로 튀어나온 모양 또는 언덕이나 벼랑의 모양을 본뜬 글자로, '굴바위', '언덕', '벼랑'의 뜻으로 쓰임 예 厄
28	厶	사사로울 **사**
	sī	팔꿈치를 구부려 물건을 자기 쪽으로 감싸는 모습을 본뜬 글자로 '(자기만을 생각하여) 사사롭다'의 뜻 예 私
29	又	또 **우** (손)
	yòu	오른손의 모양을 본뜬 글자로 혼자 쓰일 때는 '또', '다시'의 뜻으로, 다른 부수자와 함께 쓰일 때는 '손'의 의미로 쓰임 예 友
30	口	입 **구**
	kǒu	사람의 입 모양을 본뜬 글자로 입으로 '말하다', '먹다'의 뜻으로 쓰임 예 右
31	囗	에워쌀 **위** / 큰 입 **구**
	-	담이나 성벽을 에워싼 모양으로 'ㅁ(입 구)'와 모양이 비슷하나 보다 더 크다고 해서 '큰 입 구'라고도 함. 단, 'ㅁ(입 구)' 안에는 부수자를 쓸 수 없지만 '囗(에어쌀 위)' 안에는 쓸 수 있음 예 因

32	土	흙 **토**				
	tǔ	싹이 돋아나는 땅을 나타낸 모양 또는 흙이 쌓여 있는 땅의 모양을 본뜬 글자 예 坐				
33	士	선비 **사**				
	shì	돌도끼 모양을 본뜬 글자로, 원래는 돌도끼를 다룰 수 있는 '힘센 남자'의 뜻으로 쓰이다 나중에 '선비'라는 의미로 쓰이게 됨 예 壯				
34	夂	뒤져 올 **치** (발)				
	-	발 모양을 나타내는 '止(그칠 지)'를 거꾸로 뒤집은 형태로, 두 사람(人人)이 앞 뒤로 나란히 서 있는 모양이며 '뒤져 오다', '발 동작'의 뜻 예 冬				
35	夊	천천히 걸을 **쇠** (발)				
	-	사람이 두 다리를 끌면서 천천히 걸어가는 모양의 글자로, '뒤져 올 치'와 큰 차이는 없으며, 모두 '발', '발 동작'의 의미로 쓰임 예 夏				
36	夕	저녁 **석**				
	xī	완전한 달(月)이 아닌 초저녁에 반쯤 모습을 드러낸 달의 모습을 본뜬 글자 예 外				
37	大	큰 **대** (사람)				
	dà	사람이 양팔을 벌리고 서 있는 모습을 본뜬 글자 예 天				
38	女	여자 **여**				
	nǚ	두 손을 모으고 꿇어앉은 여자의 모습을 본뜬 글자로, '계집 녀'라고도 하지만 '여자 여'라고 부르는 것이 합당함 예 好				
39	子	아들 **자**				
	zǐ	양팔을 벌린 어린아이의 모양을 본뜬 글자로, 원래는 '아이'라는 뜻이었으나 남아선호사상에 의해 '아들'이라는 뜻으로 쓰이게 됨 예 字				

40	宀	집 **면**					
	-	움집의 지붕 모양을 본뜬 글자로 '갓머리'라고도 부름 예 安					
41	寸	마디 **촌** (손)					
	cùn	손(又)에서 맥박(丶)을 짚는 곳의 모양을 본뜬 글자로 '한 치'의 길이를 나타내는 단위로도 쓰이게 됨 예 守					
42	小	작을 **소**					
	xiǎo	점(丶)이 세 개 찍힌 모양으로, 물건의 작은 모양을 나타낸 글자 예 尖					
43	尢	절름발이 **왕**					
	-	한 쪽 다리가 굽은 절름발이의 모습을 본뜬 글자로, '兀', '允'으로 변형되어 쓰이기도 함 예 尤					
44	尸	주검 **시** (엉덩이)					
	shī	구부러져 누워 있는 사람의 모양을 본뜬 글자로 '주검', '시체'의 뜻을 가지며 '몸(몸 중에서도 엉덩이)'의 뜻으로도 쓰이기도 함 예 尿					
45	屮	싹날 **철** (왼손 좌)					
	-	싹이 튼 식물의 떡잎 모양을 본뜬 글자로 '왼손(屮)'의 모양과 같은 모양이어서 '왼손 좌'라고도 함 예 友					
46	山	메/뫼 **산**					
	shān	산봉우리의 산 모양을 본뜬 글자 예 島					
47	川(巛)	내 **천**					
	chuān	시냇물과 강 하류의 잔잔히 흐르는 모양을 본뜬 글자로, 개미 허리 '巛'의 형태로도 쓰임 예 州					

48	工	장인 **공**						
	gōng	목공 일을 할 때 쓰이는 공구의 모양을 본뜬 글자로, '만들다', '공구', '장인'의 뜻으로 쓰임 예 左						
49	己	몸/자기 **기**						
	jǐ	사람이 허리를 굽히고 앉아 있는 모양으로 '몸', '자기'의 뜻으로 쓰임 예 記						
50	巾	수건 **건**						
	jīn	수건을 어깨나 나무 막대에 걸쳐 놓은 모양을 본뜬 글자로 '수건', '천'의 뜻으로 쓰임 예 帳						
51	干	방패 **간**						
	gàn	방패의 모양을 본뜬 글자 예 肝						
52	幺	작을 **요**						
	yāo	아기가 갓 태어난 모양 또는 작은 실타래의 모양을 본뜬 글자로 '작다', '어리다'의 뜻을 나타내며, '실타래 요'라고도 함 예 幼						
53	广	집 **엄**						
	guǎng	언덕이나 바위를 지붕 삼아 지은 돌집의 모양을 본뜬 글자로, '집'이나 '건물'의 뜻으로 쓰임 예 庫						
54	廴	길게 걸을 **인** (발)						
	–	발을 길게 끌며 걸어가는 모양을 본뜬 글자로, '길게 걷다', '걷는 길'의 의미로 쓰이거나 발동작을 나타냄 예 建						
55	廾	받들 **공** (두 손)						
	–	두 손을 나란히 하여 물건을 받들고 있는 모양을 본뜬 글자로, '양손', '받쳐 들다'의 뜻으로 쓰임 예 兵						

56	弋	주살(줄 달린 화살) **익**					
	-	줄 달린 화살의 모양을 본뜬 글자 예 式					
57	弓	활 **궁**					
	gōng	활의 모양을 본뜬 글자 예 引					
58	彐(彑)	돼지 머리 **계** (손)					
	-	돼지 머리 또는 고슴도치 머리의 옆에서 본 뾰족한 모양을 본뜬 글자로 '彐', '彑'의 형태로 쓰이기도 하며, '又(손)'의 변형자로 '손'의 의미도 나타냄 예 事					
59	彡	터럭 **삼**					
	-	머리털이나 짐승의 털(터럭)의 모양을 본뜬 글자로 주로 꾸미는 데 사용되므로 '무늬 삼'이라고도 하며, '털', '무늬', '모양', '꾸미다'의 뜻으로 쓰임 예 彩					
60	彳	길 **척**					
	-	다닐 행(行)의 왼쪽 부분, 사거리의 왼쪽 부분을 나타내는 글자로 '길', '걷다'의 뜻으로 쓰임 예 往					
61	心(忄)	마음 **심**					
	xīn	심장의 모양을 본뜬 글자로, 왼쪽에 쓰일 때는 '忄', 아래쪽에 쓰일 때는 '小'의 형태로 바뀌어 쓰이기도 함 예 忌, 情, 恭					
62	戈	창 **과**					
	gē	작살(弋)과 같은 나무막대기에 칼(丿)을 박아 놓은 창(찌를 수도 있고 당기면서 밸 수도 있는)의 모양을 본뜬 글자로, '무기', '전쟁'과 관련 예 成					
63	戶	지게 **호** (집)					
	hù	집의 방문(외짝문)인 지게문의 모양을 본뜬 글자로, '집'의 뜻으로 쓰임 예 房					

64	手(扌) shǒu	손 **수**				
		손의 모양을 본뜬 글자로, 왼쪽에 쓰일 때는 '扌'로 바뀌어 쓰임 예 打				
65	支 zhī	지탱할/가지 **지**				
		나뭇가지(十)를 손(又)에 잡고 버티고(지탱하고) 있는 모습을 본뜬 글자 예 枝				
66	攴(攵) -	칠 **복**				
		손에 나무 막대기를 들고 무언가를 치는 모양을 본뜬 글자로, '攵'의 형태로 주로 쓰임 예 改				
67	文 wén	글월 **문**				
		사람의 몸에 그린 '무늬', '모양'을 본뜬 글자로, 기록하는 '글'의 의미로 쓰이게 됨 예 紋				
68	斗 dòu	말 **두**				
		긴 자루가 달려 있는 국자 모양을 본뜬 글자로, 곡식을 헤아리는 도구로 쓰이게 되면서 '말', '되'라는 뜻으로 쓰임 예 料				
69	斤 jīn	도끼 **근**				
		손잡이가 달려 있는 도끼의 모양을 본뜬 글자로, 무게의 단위인 '근(500g)'으로도 사용하게 됨 예 新				
70	方 fāng	모/방향 **방**				
		농기구 쟁기의 모양을 본뜬 글자로, 원래는 '쟁기'의 뜻이었으나 쟁기의 모양이 모(모서리)가 나있어서 '모서리', '방향'의 뜻으로 쓰임 예 防				
71	旡(无) jì	이미 **기**				
		이미 밥을 다 먹은 사람이 더 이상 안 먹겠다고 입을 반대쪽으로 돌리고 앉아 있는 모양으로, '無'의 약자인 '无(없을 무)'와 같은 부에 속함 예 旣				

72	日	날/해 **일**					
	rì	흑점이 있는 해의 모양을 본뜬 글자로, '해', '날'의 뜻으로 쓰임 예 星					
73	曰	말할 **왈**					
	yuē	입(口)에서 말(一)이 나오는 것을 나타낸 글자 예 最					
74	月	달 **월**					
	yuè	초승달이나 반달의 모양을 본뜬 글자 예 明					
75	木	나무 **목**					
	mù	나무의 모양(줄기丨 + 가지 一 + 뿌리 八)을 본뜬 글자 예 林					
76	欠	하품 **흠**					
	qiàn	사람이 입을 벌리고 하품하는 모양을 본뜬 글자 예 歌					
77	止	그칠 **지**					
	zhǐ	사람이 멈춰 서 있을 때의 발의 모양을 본뜬 글자로, '그치다', '발'의 뜻으로 쓰임 예 企					
78	歹	뼈 앙상할 **알**					
	dǎi	뼈만 앙상하게 남은 해골 모양을 본뜬 글자로, 죽음이나 재난과 관련된 뜻으로 쓰임 예 死					
79	殳	칠/몽둥이 **수**					
	shū	몽둥이를 손에 들고 치려고 하는 모습을 본뜬 글자로, '몽둥이', '치다'라는 뜻으로 쓰임 예 投					

80	毋	말 무					
	wú	여자가 비녀를 꽂고 있는 모습을 본뜬 글자로, 여자(女)에게는 못된 짓을 하나(一)도 하지 말라는 의미로 '말다', '없다'의 뜻으로 쓰임 예 每					
81	比	견줄 비					
	bǐ	匕(人 사람 인) +匕(人 사람 인)의 형태로 두 사람이 나란히 서 있는 모양을 본뜬 글자, '견주다', '비교하다'의 뜻 예 批					
82	毛	털 모					
	máo	짐승의 꼬리털이나 새의 깃털을 본뜬 글자 예 尾					
83	氏	성씨 씨					
	shì	나무의 뿌리 모양을 본뜬 글자로, 하나의 뿌리에서 여러 그루의 나무가 퍼져 나가듯이 사람의 뿌리인 한 조상으로부터 나온 '성씨'의 뜻으로 쓰임 예 民					
84	气	기운 기					
	qì	수증기 등의 기체가 공중으로 피어 올라가는 모양을 본뜬 글자로, '기운', '김'의 뜻으로 쓰임 예 氣					
85	水(氵)	물 수					
	shuǐ	(강 상류의) 물이 흘러가는 모습을 본뜬 글자로, 왼쪽에 쓰이면 '氵', 아래쪽에 쓰이면 '氺'의 형태로 바뀌어 쓰임 예 氷, 注					
86	火(灬)	불 화					
	huǒ	타오르는 불꽃의 모양을 본뜬 글자로, 아래에 쓰이면 '灬'로 변형되어 쓰이기도 함 예 炎, 然					
87	爪(爫)	손톱 조 (손)					
	zhǎo	긁어 모으는 손가락과 손톱의 모양을 본뜬 글자로, 어떤 글자의 위에 쓰일 때는 '爫'로 변형되어 쓰임 예 採					

88	父	아비 **부**			
	fù	돌도끼를 손(又)으로 들고 있는 모양을 본뜬 글자로, 주로 돌도끼를 사용하여 가족을 부양하는 '아버지'의 뜻으로 쓰이게 됨 예 斧			
89	爻	사귈 **효** (산나무가지)			
	-	셈할 때나 점칠 때 쓰던 나뭇가지 두 개를 엇갈리게 들고 있는 모양을 본뜬 글자로 '산가지', '점치다', '사귀다'의 뜻으로 쓰임 예 學			
90	爿	조각/장수 **장**			
	-	도끼로 나무토막을 세워 두 쪽으로 쪼갠 것 중 왼쪽 조각의 모양을 본뜬 글자로, '장수 장'이라고도 부름 예 壯			
91	片	조각 **편**			
	piàn	도끼로 나무토막을 두 쪽으로 쪼갠 것 중 오른쪽 조각의 모양을 본뜬 글자로, '나뭇조각', '판자'의 뜻으로 쓰임 예 版			
92	牙	어금니 **아**			
	yá	어금니의 모양을 본뜬 글자 예 芽			
93	牛(牜)	소 **우**			
	niú	위에서 내려다 본 소의 뿔과 머리, 몸통과 팔다리의 모양을 본뜬 글자 예 牽			
94	犬(犭)	개 **견** (짐승)			
	quǎn	개가 두 발을 들고 서 있는 모양을 본뜬 글자로, 어떤 글자의 왼쪽에 올 때는 '犭' 형태로 바뀌어 쓰이게 되는데 이 때는 '짐승'의 뜻도 됨 예 狂			
95	玄	검을 **현**			
	xuán	매달아 놓은 실타래 모양을 본뜬 글자로, 검게 그을려 검은 염색을 한 것에서 '검다', '실'의 뜻으로 쓰이게 됨 예 牽			

96	玉(王) yù	구슬 옥					
		실에 꿰어 놓은 구슬의 모양을 본뜬 글자로, 어떤 글자의 부수자가 되면 '王'의 형태로 쓰임. 임금 왕(王)과 모양이 비슷하므로 주의할 것 예 班					
97	瓜 guā	오이 과					
		덩굴에 달려 있는 오이의 모양을 본뜬 글자 예 孤					
98	瓦 wǎ	기와 와					
		지붕 위에 덮여 있는 기와 모양을 본뜬 글자 예 瓷					
99	甘 gān	달 감					
		혀의 단맛을 느끼는 부분의 모양을 본뜬 글자 예 甛					
100	生 shēng	날 생					
		땅에서 싹이 돋아나고 있는 모양을 본뜬 글자 예 性					
101	用 yòng	쓸 용					
		대나무로 만든 통 모양을 본뜬 글자로 '통', '쓰다'의 뜻 예 勇					
102	田 tián	밭 전					
		바둑판 모양으로 된 밭의 모양을 본뜬 글자 예 男					
103	疋 –	발 소/필 필					
		발끝부터 종아리까지의 발 모양을 본뜬 글자로, 동물 말을 셀 때 쓰는 단위인 '필'로 쓰이기도 함 예 足					

104	疒	병들 **녁**			
	-	병상에 누워 있는 사람의 모습을 본뜬 글자로 주로 병과 관련된 글자에 쓰임 예 症			
105	癶	걸을 **발**			
	-	두 발을 벌리고 팔자걸음으로 걸어가는 발의 모양을 본뜬 글자로, 발이나 발 동작과 관련된 뜻을 가짐 예 쯉			
106	白	흰 **백**			
	bái	치켜세운 엄지손톱 모양을 본뜬 글자로 원래는 '우두머리', '맏이'라는 뜻이었으나 나중에 '희다'라는 뜻으로 사용됨 예 伯			
107	皮	가죽 **피**			
	pí	도축장에 매달아 놓은 짐승의 가죽을 손으로 벗겨내는 모양을 본뜬 글자 예 疲			
108	皿	그릇 **명**			
	mǐn	빗살무늬 그릇의 모양을 본뜬 글자 예 盟			
109	目	눈 **목**			
	mù	사람의 눈 모양을 본뜬 글자 예 看			
110	矛	창 **모**			
	máo	마름모 형태의 뾰족한 쇠가 박혀 있는 창의 모양을 본뜬 글자 예 務			
111	矢	화살 **시**			
	shǐ	화살의 모양을 본뜬 글자 예 知			

112	石	돌 석				
	shí	언덕 아래에 굴러떨어져 있는 돌의 모양을 본뜬 글자　예 硏				
113	示(礻)	보일 시 (제사)				
	shì	신에게 제사를 지낼 때 쓰이는 제단과 제기의 모양을 본뜬 글자로, 어떤 글자의 왼쪽에 오면 '礻'의 형태로 쓰이기도 함　예 祝				
114	禸	짐승 발자국 유				
	–	짐승의 발자국 모양을 본뜬 글자				
115	禾	벼 화				
	hé	벼 이삭이 달려 있는 벼의 모양을 본뜬 글자　예 秉				
116	穴	구멍 혈				
	xué	집(宀)에 들어가는 입구(八) 모양을 본뜬 글자로, '구멍', '굴'의 뜻으로 쓰임　예 空				
117	立	설 립				
	lì	땅(一) 위에 서 있는 사람(立)의 모습을 본뜬 글자　예 竝				
118	竹	대 죽				
	zhú	대나무의 모습을 본뜬 글자　예 簡				
119	米	쌀 미				
	mǐ	벼 화(禾)에서 이삭의 껍질을 까면 나오는 쌀의 모양을 본뜬 글자　예 精				

120	糸	실 **사**					
	-	실을 감은 실타래의 모양을 본뜬 글자 예 結					
121	缶	장군 **부**					
	fǒu	물이나 액체를 담아 나르던 '장군'의 뜻으로, 질그릇 모양을 본뜬 글자 예 缺					
122	网 (罒)	그물 **망**					
	wǎng	그물의 모양을 본뜬 글자로 주로 '罒'의 형태로 어떤 글자의 윗부분에 사용되며, '冗'의 형태로 사용되기도 함 예 罪					
123	羊	양 **양**					
	yáng	양의 뿔과 다리 그리고 꼬리 모양을 본뜬 글자 예 美					
124	羽	깃 **우**					
	yǔ	새의 깃털 또는 날개 모양을 본뜬 글자					
125	老 (耂)	늙을 **로**					
	lǎo	허리 굽은 노인이 지팡이를 짚고 있는 모양을 본뜬 글자 예 孝					
126	而	말 이을 / 수염 **이**					
	ér	긴 수염의 모양을 본뜬 글자 예 耐					
127	耒	쟁기 **뢰**					
	lěi	나무로 된 농기구인 쟁기의 모양을 본뜬 글자로, 농사에 관련된 뜻으로 사용 예 耕					

128	耳	귀 **이**					
	ěr	귀의 모양을 본뜬 글자 예 取					
129	聿	붓 **율**					
	yù	손으로 붓을 잡고 있는 모양을 본뜬 글자 예 建					
130	肉(月)	고기 **육**					
	ròu	고기 덩어리 단면의 모양을 본뜬 글자로 다른 부수자와 함께 쓰일 때는 육 달 월(月)의 형태로 쓰임. 달 월(月)과 형태가 같으므로 주의할 것					
131	臣	신하 **신**					
	chén	임금 앞에서 몸을 엎드리고 있는 신하의 모습을 본뜬 글자 예 賢					
132	自	스스로 **자** (코)					
	zì	사람의 코 모양을 본뜬 글자로 코는 스스로 숨을 쉬므로 '코', '스스로'의 뜻으로 쓰임 예 臭					
133	至	이를 **지**					
	zhì	쏜 화살이 땅에 이른 모양을 본뜬 글자 예 到					
134	臼	절구 **구** (양손)					
	jiù	절구에 쌀이 들어 있는 모양을 본뜬 글자로, '양손'의 모양을 나타내기도 함 예 學					
135	舌	혀 **설**					
	shé	짐승의 혀 모양을 본뜬 글자로, 혀는 입의 방패 역할을 한다는 의미임 예 話					

136	舛	어긋날 **천**					
	chuǎn	두 발이 각각 다른 방향으로 어긋나 있는 모양을 본뜬 글자 예 舞					
137	舟	배 **주**					
	zhōu	위에서 내려다 본 작은 돛단배의 모양을 본뜬 글자 예 船					
138	艮	그칠 **간**					
	gèn	눈(目)을 비수(匕)에 다친 사람이 더 이상 다른 곳에 가지 못하고 그 자리에 머무르고 있다는 의미의 글자로, '머무르다', '그치다'의 뜻 예 艮					
139	色	빛 **색**					
	sè	엎드린 사람(巴) 위에 다른 사람(人)이 올라탄 모양의 글자로, 아래에 있는 사람의 얼굴의 빛(색깔)이 변하므로 '빛', '색깔'의 뜻					
140	艸 (++)	풀 **초**					
	–	땅에서 싹들이 돋아나오는 모양을 본뜬 글자로, 주로 '++'의 형태로 어떤 글자의 위에 쓰임 예 草					
141	虍	호피 무늬 **호**					
	hū	호랑이가 앉아 있는 모양을 본뜬 글자 예 虎					
142	虫	벌레 **충**					
	chóng	뱀이 몸을 감고 사리고 있는 모양을 본뜬 글자로, 처음에는 '뱀'을 뜻하였으나 이후 '파충류', '벌레'를 의미하게 됨 예 蟲					
143	血	피 **혈**					
	xuè	피(丿)가 담긴 그릇(皿)의 모양을 본뜬 글자					

144	行	다닐 행						
	háng	두 길이 만나는 네거리의 모양을 본뜬 글자로, 사람들이 그 길로 '다니다'라는 뜻 예 街						
145	衣(衤)	옷 의						
	yī	저고리 옷의 모양을 본뜬 글자로, 어떤 글자의 위쪽에 올 때는 '衤'의 형태로 쓰임 예 依						
146	襾	덮을 아						
	yà	덮을 수 있는 뚜껑 모양을 본뜬 글자 예 要						
147	見	볼 견						
	jiàn	사람(儿)이 눈(目)으로 본다는 뜻의 글자 예 視						
148	角	뿔 각						
	jiǎo	짐승의 뿔 모양을 본뜬 글자 예 解						
149	言	말씀 언						
	yán	말은 머리로 두 번 생각한 뒤 입에서 나와야 하는 것임을 나타냄 예 訪						
150	谷	골짜기 곡						
	gǔ	산의 골짜기 모양을 본뜬 글자 예 浴						
151	豆	콩 두 (제기 그릇)						
	dòu	제사 지낼 때 담는 그릇인 제기 모양을 본뜬 글자로, 원래는 '그릇', '제기'의 뜻을 의미했지만 나중에는 '콩'이란 뜻으로 쓰임 예 頭						

152	豕	돼지 **시**					
	-	돼지의 모양을 본뜬 글자 예 家					
153	豸	벌레 **치** / 해태 **태**					
	-	맹수가 발을 모으고 앉아 있는 모양을 본뜬 글자로, 지금은 잘 쓰이지 않음					
154	貝	조개 **패** (돈)					
	bèi	발이 나온 조개의 모양을 본뜬 글자 예 買					
155	赤	붉을 **적**					
	chì	묶여 있는 사람(土)이 불 灬(火)에 타고 있는 모양을 뜻하는 글자로, 몸이 타들어갈 때 '붉은' 빛을 낸다는 뜻					
156	走	달릴 **주**					
	zǒu	사람이 달리기 위해 발을 들고 몸을 일으키는 모양을 본뜬 글자로, '달리다', '발'과 관련된 뜻을 나타냄 예 起					
157	足	발 **족**					
	zú	무릎부터 발까지의 모양을 본뜬 글자 예 路					
158	身	몸 **신**					
	shēn	임신한 여자의 볼록한 배를 본뜬 글자 예 射					
159	車	수레 **차** / **거**					
	chē	수레를 위에서 본 모양을 본뜬 글자로 '수레 차'라고도 함 예 庫					

160	辛	매울 **신**							
	xīn	죄인에게 문신을 새길 때 사용하던 문신 기구 모양을 본뜬 글자로, 문신을 새길 때 고통이 혹독해서 '맵다'라는 뜻으로 쓰임 예 新							
161	辰	별 **신/진**							
	chén	조개가 껍데기에서 발을 내밀고 있는 모양을 본뜬 글자로 '별 신'이라고도 하며, 농기구로 이용되던 조개 껍질은 '농사', '별'의 뜻을 가짐							
162	辵(辶)	쉬엄쉬엄 갈 **착**							
	–	걷다가 잠시 쉬었다 가는 발의 모양을 본뜬 글자로, 원래는 '辵'로 썼으나 지금은 책받침(辶)으로 표기함 예 道							
163	邑(阝)	고을 **읍**							
	yì	사람들이 모여 살고 있는 고을의 모습을 본뜬 글자로, 다른 부수자와 함께 쓰일 때는 '阝'의 형태로 오른쪽에 쓰임 예 郡							
164	酉	술 **유** (닭)							
	yǒu	술 항아리에 술이 들어 있는 모양을 본뜬 글자로, 12지에서는 '닭'의 뜻으로도 쓰임 예 酒							
165	采	분별할 **변**							
	–	짐승의 발자국 모양을 본뜬 글자로, 그 발자국으로 어떤 짐승인지를 알아낼 수 있다는 데서 '분별하다'의 뜻으로 쓰임 예 番							
166	里	마을 **리**							
	lǐ	논과 밭(田)을 만들 수 있는 땅(土)에 마을이 형성된다는 의미의 글자 예 理							
167	金	쇠 **금**/성씨 **김**							
	jīn	흙 속에 묻혀 있는 쇠와 같은 광석의 모양을 본뜬 글자로, 사람의 이름에 쓰일 때는 '성씨 김'이라고도 함 예 針							

168	長 cháng / zhǎng	길 / 어른 **장**
		수염이 긴 노인이 지팡이를 짚고 있는 모양을 본뜬 글자로, '어른', '길다'라는 뜻을 나타냄 예 張
169	門 mén	문 **문**
		두 짝의 문 모양을 본뜬 글자 예 問
170	阜(阝) fù	언덕 **부**
		흙이 울퉁불퉁 겹겹이 쌓여 있는 언덕을 본뜬 글자로, 다른 글자와 함께 쓰일 때는 '阝'의 형태로 왼쪽에 사용됨 예 防
171	隶 lì	잡을 / 미칠 **이**
		짐승의 꼬리를 붙잡고 있는 모양을 본뜬 글자로, '잡다'라는 뜻과 '(어떠한 힘이나 영향이) 미치다' 라는 뜻으로 쓰임
172	隹 zhuī	새 **추**
		꽁지가 짧은 새의 모양을 본뜬 글자 예 集
173	雨 yǔ	비 **우**
		하늘(一)의 경계(冂)에서 빗방울(丶)이 떨어지는(丨) 모양을 본뜬 글자
174	靑 qīng	푸를 **청**
		초목에 싹이 돋아난다는 뜻(生)과 우물 정(井)의 음이 합쳐져서 만들어진 글자 예 淸
175	非 fēi	아닐 **비**
		새의 두 날개가 서로 다른 반대 방향으로 펴지는 모습을 본뜬 글자로, 서로 '어긋나다' 혹은 두 날개가 만나지 '아니하다'의 뜻임 예 輩

176	面	낯/얼굴 **면**					
	miàn	사람의 얼굴(머리, 코, 얼굴 윤곽) 모양을 본뜬 글자					
177	革	가죽 **혁** (에워싸다)					
	gé	머리부터 꼬리까지 그대로 벗거낸 가숙의 모양을 본뜬 글자 예 靴					
178	韋	가죽 **위**					
	wéi	발로 밟아 부드럽게 다룬 가죽을 본뜬 글자. 혹은 성 주위를 사람의 발로 에워싸고 있는 모양을 본뜬 글자 예 圍					
179	韭	부추 **구**					
	jiǔ	땅에서 돋아나온 부추의 모양을 본뜬 글자					
180	音	소리 **음**					
	yīn	사람이 입을 벌리고 소리를 내고 있는 모습을 본뜬 글자 예 意					
181	頁	머리 **혈**					
	yè	머리에서 목까지의 모양을 본뜬 글자 예 頭					
182	風	바람 **풍**					
	fēng	돛단배의 돛 모양과 '벌레 충'자가 합쳐진 글자로, 바람의 영향에 의한 움직임을 나타냄 예 瘋					
183	飛	날 **비**					
	fēi	새가 두 날개를 펴고 하늘로 날아 올라가는 모양을 본뜬 글자					

184	食(饣)	밥 식					
	shí	사람(人)에게 좋은(良) 보약이 바로 밥이라는 뜻 예 飮					
185	首	머리 수					
	shǒu	머리털이 있는 사람의 머리 모양을 본뜬 글자 예 道					
186	香	향기 향					
	xiāng	익은 벼(禾)로 밥을 지으면 입맛(曰)을 돋우는 기분 좋은 냄새(향기)가 남을 나타내는 글자					
187	馬	말 마					
	mǎ	말의 머리와 갈기, 꼬리, 네 발의 굽 그리고 굽은 등 모양을 본뜬 글자					
188	骨	뼈 골					
	gǔ	살(月=肉)을 덮고(冖) 있는 뼈의 모양을 본뜬 글자 예 體					
189	高	높을 고					
	gāo	성곽 위에 높이 솟아 있는 망루(망을 보는 높은 건물)의 모양을 본뜬 글자로, 다른 글자 위에 쓰일 때는 아랫부분이 생략되기도 함 예 亭					
190	髟	긴 머리/터럭 표					
	–	긴(長) 머리카락(彡)을 나타낸 글자로 '터럭 표'라고도 함					
191	鬥	싸울 투					
	dòu	두 사람이 주먹을 쥐고 맞서고 있는 모습을 본뜬 글자로, 두 나라의 왕(王)이 자기 나라의 깃발을 들고 서로 '싸울' 태세를 하고 있다는 뜻 예 鬪					

192	匬	활집 **창**						
	-	사람(匕)이 등에 메는 많은 화살이 들어있는 활집 모양을 본뜬 글자로, 오늘날에는 잘 사용되지 않음						
193	鬲	솥 **력**						
	gé	굽은 다리 세 개가 달린 큰 솥의 모양을 본뜬 글자로, '막을 격'이라고도 함 예 隔						
194	鬼	귀신 **귀**						
	guǐ	얼굴과 다리의 모습이 강조된 귀신의 모습을 본뜬 글자 예 魂						
195	魚	물고기 **어**						
	yú	물고기의 머리(⺈)와 비늘이 있는 몸통(田), 그리고 꼬리 모양(灬)을 본뜬 글자 예 漁						
196	鳥	새 **조**						
	niǎo	꽁지가 긴 새의 모양을 본뜬 글자						
197	鹵	소금 밭/짠 땅 **로**						
	-	소금물을 끊여서 소금을 만드는 큰 솥의 모양을 본뜬 글자 예 鹽						
198	鹿	사슴 **록**						
	lù	사슴의 머리와 몸통 그리고 네 발의 모양을 본뜬 글자 예 塵						
199	麥	보리 **맥**						
	-	보리의 이삭(來)과 뿌리(夊)의 모양을 본뜬 글자 예 麵						

200	麻	삼 **마**					
	má	집(广)에서 껍질을 벗겨낸 삼나무(木) 모양을 본뜬 글자					
201	黃	누를 **황**					
	huáng	옛날에 주로 귀족들이 허리에 차던 장식구를 본뜬 글자로, 그 장신구들이 대부분 황금색이어서 '노랗다'는 뜻으로 쓰이게 됨 예 廣					
202	黍	기장 **서**					
	shǔ	벼와 모양이 비슷한 곡식인 '기장'의 모습을 본뜬 글자					
203	黑	검을 **흑**					
	hēi	불(灬)을 때면서 검게 그을린 얼굴을 본뜬 글자로, '검다', '어둡다'의 뜻으로 쓰임 예 點					
204	黹	바느질할 **치**					
	–	바느질로 수놓고 있는 모습을 본뜬 글자로, 오늘날에는 잘 사용되지 않음					
205	黽	맹꽁이 **맹**					
	–	큰 두 눈이 불룩 튀어나온 맹꽁이 모양을 본뜬 글자					
206	鼎	솥 **정**					
	dǐng	세 갈래로 발이 달린 솥의 모양을 본뜬 글자					
207	鼓	북 **고**					
	gǔ	세워진 북의 모양과 사람이 손으로 북채를 들고 있는 모습을 본뜬 글자					

208	鼠	쥐 서				
	shǔ	쥐의 모습을 본뜬 글자				
209	鼻	코 비				
	bí	스스로(自) 숨을 들이마시고 내쉬는(廾) 콧구멍(田)과 코(自)를 나타낸 글자				
210	齊	가지런할 제				
	qí	벼의 이삭이 가지런히 패어 있는 모양을 본뜬 글자로, 다른 글자와 함께 쓰이면 주로 음으로 사용됨 예 濟				
211	齒	이 치				
	chǐ	아래위로 가지런히 박혀 있는 이의 모양을 본뜬 글자				
212	龍	용 룡				
	lóng	몸(月=肉)을 세우고(立) 꿈틀거리는 용의 모습을 나타낸 글자 예 寵				
213	龠	피리 약				
	yuè	갈대나 대나무를 가지런히 합쳐서 소리를 내는 피리의 모양을 본뜬 글자 예 籥				
214	龜	거북 구, 귀 / 갈라질 균				
	guī	옆에서 본 거북이의 모습을 본뜬 글자로 거북이를 뜻할 때는 '거북 구, 귀'로 읽고, '갈라지다'의 뜻일 때는 '갈라질 균'으로, 땅 이름을 뜻할 때는 '땅 이름 구'로 읽음 예 龜尾, 龜裂				

참고 약자(간체자)를 가지고 있는 부수자

부수자	쓰기 연습			약자	쓰기 연습		
見				见			
言				讠			
貝				贝			
車				车			
金				钅			
長				长			
門				门			
頁				页			
鳥				鸟			
黃				黄			
麥				麦			
靑				靑			

부수자	쓰기 연습			약자	쓰기 연습		
韋				韦			
風				风			
飛				飞			
食				饣			
馬				马			
魚				鱼			
齊				齐			
齒				齿			
龍				龙			
龜				龟			

학교

학년 반

이름

멀티 중국어

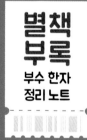

별책
부록
부수 한자
정리 노트

Since1977

 시사 Dream,
Education can make dreams come true.

Designed by SISA Books

중국어, 영어, 원리 한자까지 한 권으로 정복!

아빵
멀티 중국어

권준모 · 왕신잉 공저

포켓북

시사중국어사

중국어, 영어, 원리 한자까지 한 권으로 정복!

아빠

멀티 중국어

권준모 · 왕씬잉 공저

포켓북

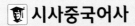

시사중국어사

第一课

在机场
Zài jīchǎng

At the Airport
공항에서

공항에서 공항버스를 이용할 때 필요한 주요 표현을 말할 수 있어요.

주요 단어 🔊 01-01

번호	단어	병음	한글 뜻	영어 뜻
1	请问	qǐngwèn	실례합니다	Excuse me
2	机场大巴	jīchǎng dàbā	공항버스	airport shuttle bus
3	一直	yìzhí	계속, 줄곧	straight
4	往前走	wǎng qián zǒu	앞으로 가다	go straight forward
5	就是……	jiù shì ……	바로 ~이다	precisely, exactly
6	站	zhàn	역	station
7	一号线	yī hàoxiàn	1호선	subway line number one
8	车票	chēpiào	차표	transport ticket
9	要	yào	원하다, ~주세요	want, would like
10	成人	chéngrén	성인	adult
11	儿童	értóng	어린이	child
12	一共	yígòng	모두, 합계	altogether, in total

🎬 중국 공항 도착 후 인포메이션 센터에서 (在机场咨询台 zài jīchǎng zīxúntái)

宝贝 **请问，在哪儿坐机场大巴？**
Qǐngwèn, zài nǎr zuò jīchǎng dàbā?

职员 **一直往前走就是。**
Yìzhí wǎng qián zǒu jiù shì.

宝贝 **谢谢。**
Xièxie.

TIP ＼

'在'의 뜻

① 동사로 쓰일 때 :
'~에 있다'라는 뜻 예 我在家。Wǒ zài jiā.

② [在 + 장소 + 동사]의 형태로 쓰일 때 :
'~에서'라는 개사(조사)로 쓰임 예 我在家看书。Wǒ zài jiā kàn shū.

③ [在 + 동사]의 형태로 쓰일 때 :
'~하고 있는 중'이라는 진행형의 의미 예 我在看书呢。Wǒ zài kàn shū ne.

🎬 공항버스 매표소에서 (在机场大巴售票处 zài jīchǎng dàbā shòupiàochù)

宝贝 你好，去北京站坐什么车？
　　　Nǐ hǎo, qù Běijīng zhàn zuò shénme chē?

职员 机场大巴一号线。
　　　Jīchǎng dàbā yī hàoxiàn.

宝贝 车票多少钱？
　　　Chēpiào duōshao qián?

职员 成人二十元，儿童十元。
　　　Chéngrén èrshí yuán, értóng shí yuán.

宝贝 我要两张成人票，一张儿童票。
　　　Wǒ yào liǎng zhāng chéngrén piào, yì zhāng értóng piào.

职员 好的，一共五十元。
　　　Hǎo de, yígòng wǔshí yuán.

🎬 중국 공항 도착 후 인포메이션 센터에서 (在机场咨询台 zài jīchǎng zīxúntái)

宝贝

请问，在哪儿坐机场大巴？

一直往前走就是。

职员

宝贝

谢谢。

宝贝　Excuse me, where can I take the airport shuttle bus?
职员　Go straight ahead and you'll see.
宝贝　Thank you.

📽 공항버스 매표소에서 (在机场大巴售票处 zài jīchǎng dàbā shòupiàochù)

宝贝

你好，去北京站坐什么车？

机场大巴一号线。

职员

宝贝

车票多少钱？

成人二十元，儿童十元。

职员

宝贝

我要两张成人票，一张儿童票。

好的，一共五十元。

职员

宝贝	Hello, what should I take to get to the Beijing Station?
职员	Airport shuttle bus line number one.
宝贝	How much is the ticket?
职员	Twenty yuan for adults and ten yuan for children.
宝贝	I'd like two adults and one child ticket.
职员	Ok, fifty yuan altogether.

≫ 수화물을 분실했을 때!

❶ 请问，你可以帮我吗?
Qǐngwèn, nǐ kěyǐ bāng wǒ mɑ?

❷ 我的行李没出来。
Wǒ de xíngli méi chūlɑi.

❸ 行李牌在这儿。
Xíngli pái zài zhèr.

분실물 센터

❹ 我的电话号码是010-1234-5678。
Wǒ de diànhuà hàomǎ shì líng yāo yāo líng yāo
èr sān sì wǔ liù qī bā.

❺ 如果找到我的行李,
Rúguǒ zhǎodào wǒ de xíngli,
请送到北京大酒店。
qǐng sòngdào Běijīng Dàjiǔdiàn.

해석

❶ 실례지만, 저 좀 도와주시겠어요?

❷ 제 수화물(짐)이 나오지 않았어요.

❸ 수화물 표 여기 있어요.

❹ 제 휴대전화 번호는 010-1234-5678입니다.

❺ 제 짐을 찾으시면 베이징호텔로 좀 보내 주세요.

乘坐公共交通

Chéngzuò gōnggòng jiāotōng

Taking public transportation

대중교통 이용하기

주요 단어 🔊 02-01

번호	단어	병음	한글 뜻	영어 뜻
1	哪儿 / 哪里	nǎr / nǎlǐ	어디	where
2	首都	shǒudū	수도	capital
3	国际	guójì	국제	international
4	系	jì	매다, 묶다	fasten
5	安全带	ānquándài	안전벨트	seat belt
6	发票	fāpiào	영수증	receipt
7	地铁	dìtiě	지하철	subway
8	天安门	Tiān'ānmén	톈안먼(천안문)	Tiananmen
9	坐	zuò	타다	ride / take
10	这儿 / 这里	zhèr / zhèlǐ	여기	here
11	对面	duìmiàn	맞은편	opposite

第二课

🎬 **택시 탈 때** (乘坐出租车 chéngzuò chūzūchē)

师傅　您好! 您去哪儿?
Nín hǎo! Nín qù nǎr?

宝贝　首都国际机场。
Shǒudū Guójì Jīchǎng.

师傅　好的, 请系好安全带。
Hǎo de, qǐng jìhǎo ānquándài.

🎬 **공항에 도착해서** (到达机场 dàodá jīchǎng)

师傅　到了。
Dào le.

宝贝　师傅, 给你钱, 我要发票。
Shīfu, gěi nǐ qián, wǒ yào fāpiào.

🎬 지하철 탈 때 (乘坐地铁 chéngzuò dìtiě)

宝贝　不好意思，请问到天安门在这儿坐车吗？
　　　Bù hǎo yìsi, qǐngwèn dào Tiān'ānmén zài zhèr zuò chē ma?

中国人1　不是，在对面坐。
　　　Bú shì, zài duìmiàn zuò.

🎬 지하철 탄 후 (地铁上 dìtiě shàng)

宝贝　请问这一站是天安门吗？
　　　Qǐngwèn zhè yí zhàn shì Tiān'ānmén ma?

中国人2　不，是下一站。
　　　Bù, shì xià yí zhàn.

🎬 지하철 내린 후 (下地铁后 xià dìtiě hòu)

宝贝　请问天安门是几号出口？
　　　Qǐngwèn Tiān'ānmén shì jǐ hào chūkǒu?

中国人3　二号出口。
　　　Èr hào chūkǒu.

宝贝　谢谢。
　　　Xièxie.

♫ **Dialogue ❶** 情景对话 qíngjǐng duìhuà

🎬 택시 탈 때 (乘坐出租车 chéngzuò chūzūchē)

师傅

您好！您去哪儿？

宝贝

首都国际机场。

师傅

好的，请系好安全带。

🎬 공항에 도착해서 (到达机场 dàodá jīchǎng)

师傅

到了。

宝贝

师傅，给你钱，我要发票。

师傅　Hello! Where are you going?
宝贝　Capital International Airport, please.
师傅　Ok, please fasten your seat belt.

师傅　We've arrived.
宝贝　Here's the money for the fare, and I'd like my receipt.

🎬 지하철 탈 때 (乘坐地铁 chéngzuò dìtiě)

宝贝

不好意思，请问到天安门在这儿坐车吗？

不是，在对面坐。

中国人1

🎬 지하철 탄 후 (地铁上 dìtiě shàng)

宝贝

请问这一站是天安门吗？

不，是下一站。

中国人2

🎬 지하철 내린 후 (下地铁后 xià dìtiě hòu)

宝贝

请问天安门是几号出口？

二号出口。

中国人3

宝贝

谢谢。

宝贝　　Excuse me, can I take the subway to Tiananmen here?
中国人1　No, it's on the opposite.

宝贝　　Is this the right stop for Tiananmen?
中国人2　No, it's the next stop.

宝贝　　Could you tell me the number of the exit to Tiananmen?
中国人3　It's exit number two.
宝贝　　Thanks.

》 버스를 탈 때!

해석

❶ 실례합니다. 베이징역에 가려면 몇 번 버스를 타야 되나요?

❷ 기사님, 베이징역 가나요?

❸ 버스비는 얼마인가요?

❹ 이번 역이 베이징역인가요?

❺ 베이징역에 도착하면 제게 좀 알려주세요.

问路

Wèn lù

Asking Directions
길 묻기

학습 목표

어떤 장소를 찾아가기 위해 길을 묻고 답할 수 있어요.

주요 단어 🔊 03-01

번호	단어	병음	한글 뜻	영어 뜻
1	红绿灯	hónglǜdēng	신호등	traffic lights
2	右(↔ 左 zuǒ)	yòu	오른쪽	right
3	拐	guǎi	돌다, 방향을 바꾸다	turn
4	需要	xūyào	필요하다	need
5	多长	duō cháng	얼마나	how long
6	时间	shíjiān	시간	time
7	走路	zǒulù	걷다	walk
8	左右	zuǒyòu	대략, 좌우	about
9	海底捞火锅	Hǎidǐlāo huǒguō	하이디라오 샤브샤브	Haidilao hotpot
10	十字路口	shízì lùkǒu	사거리	crossroads
11	远(↔ 近 jìn)	yuǎn	멀다	far

🎬 호텔을 찾을 때 (问路到酒店 wèn lù dào jiǔdiàn)

宝贝　**请问，北京大酒店怎么走?**
　　　Qǐngwèn, Běijīng Dàjiǔdiàn zěnme zǒu?

中国人1　**一直往前走，在红绿灯往右拐。**
　　　Yìzhí wǎng qián zǒu, zài hónglǜdēng wǎng yòu guǎi.

宝贝　**需要多长时间?**
　　　Xūyào duō cháng shíjiān?

中国人1　**走路五分钟左右。**
　　　Zǒulù wǔ fēnzhōng zuǒyòu.

宝贝　**谢谢。**
　　　Xièxie.

🎬 식당을 찾을 때 (问路到饭店 wèn lù dào fàndiàn)

宝贝 **请问，海底捞火锅怎么走?**
Qǐngwèn, Hǎidǐlāo huǒguō zěnme zǒu?

中国人2 **一直往前走，在第二个十字路口往左拐就是。**
Yìzhí wǎng qián zǒu, zài dì èr ge shízì lùkǒu wǎng zuǒ guǎi jiù shì.

宝贝 **远吗?**
Yuǎn ma?

中国人2 **不太远，走路七分钟就到。**
Bú tài yuǎn, zǒulù qī fēnzhōng jiù dào.

宝贝 **谢谢。**
Xièxie.

TIP

하이띠라오
(**海底捞** Hǎidǐlāo)
중국의 훠궈(火锅 huǒguō
샤브샤브) 브랜드 1위의 유명
한 샤브샤브 체인점으로 우리
나라에도 진출해 있습니다.
주문은 사진 메뉴를 함께 보
여주는 테블릿(Tablet)으로
원하는 메뉴를 선택하는 시스
템입니다.

🎬 호텔을 찾을 때 (问路到酒店 wèn lù dào jiǔdiàn)

宝贝

请问，北京大酒店怎么走？

一直往前走，在红绿灯往右拐。

中国人1

宝贝

需要多长时间？

走路五分钟左右。

中国人1

宝贝

谢谢。

宝贝	Excuse me, how can I get to the Beijing Hotel?
中国人1	Go straight forward and turn right at the traffic lights.
宝贝	How long does it take?
中国人1	It's about five minutes' walk from here.
宝贝	Thanks.

🎬 식당을 찾을 때 (问路到饭店 wèn lù dào fàndiàn)

宝贝

请问，海底捞火锅怎么走？

一直往前走，
在第二个十字路口往左拐就是。

中国人2

宝贝

远吗？

不太远，走路七分钟就到。

中国人2

宝贝

谢谢。

宝贝	Excuse me, how can I get to Haidilao hotpot?
中国人2	Go straight ahead and turn left at the second crossing.
宝贝	Is it far?
中国人2	Not too far. It's only a seven-minute walk.
宝贝	Thanks.

▶▶ 화장실 이용하기!

해석

❶ 실례합니다. 근처에 화장실 있나요?

❷ 이쪽으로 쭉 가면 나옵니다.

❸ 죄송하지만 제가 조금 급해서요. 화장실 좀 이용할 수 있을까요?

❹ 2층에 있습니다.

第四课

点菜
Diǎn cài

Ordering food
음식 주문하기

학습 목표

식당이나 패스트푸드점에서 주문할 때 필요한 주요 표현을 말할 수 있어요.

주요 단어 04-01

번호	단어	병음	한글 뜻	영어 뜻
1	欢迎光临	huānyíng guānglín	어서 오세요	welcome
2	几位	jǐ wèi	몇 분	how many people
3	点	diǎn	주문하다 / 시(시간)	order / o'clock
4	不要	búyào	~하지 마라	do not ~
5	香菜	xiāngcài	샹차이(고수)	coriander
6	套餐	tàocān	세트 (메뉴)	combo
7	A还是B?	A háishi B?	A 아니면 B?	A or B?
8	打包	dǎbāo	포장하다	pack

🎬 식당에서 (**在饭店** zài fàndiàn)

服务员	**欢迎光临! 几位?**	
	Huānyíng guānglín! Jǐ wèi?	

宝贝 **三个人。**
Sān ge rén.

服务员 **这边请。** (테이블에 도착한 후) **请坐!**
Zhè biān qǐng.   Qǐng zuò!

(메뉴판을 본 후 주문하기 위해 종업원을 부른다.)

服务员 **您要点什么?**
Nín yào diǎn shénme?

宝贝 **这个要一个，这个要两个，还要三碗饭，**
Zhège yào yí ge, zhège yào liǎng ge, hái yào sān wǎn fàn,

一瓶矿泉水，还有一瓶可乐。
yì píng kuàngquánshuǐ, hái yǒu yì píng kělè.

服务员 **好的。** (손님이 주문한 메뉴들을 반복하여 말한 후) **这些是吗?**
Hǎo de.   Zhèxiē shì ma?

宝贝 **对。对了，不要放香菜。**
Duì. Duì le, búyào fàng xiāngcài.

(주문한 음식을 다 먹은 후, 계산하기 위해 종업원을 부른다.)

宝贝 **服务员，买单。**
Fúwùyuán, mǎidān.

服务员 **好的，** (잠시 후 계산서를 가지고 와서 보여주면서) **一共一百五十九块。**
Hǎo de,   yígòng yìbǎi wǔshíjiǔ kuài.

宝贝 (돈을 건네면서) **我要发票。**
Wǒ yào fāpiào.

🎬 패스트푸드점에서 (在快餐店 zài kuàicāndiàn)

服务员 欢迎光临！您要点什么？
Huānyíng guānglín! Nín yào diǎn shénme?

宝贝 一号套餐一个，二号套餐两个。
Yī hào tàocān yí ge, èr hào tàocān liǎng ge.

服务员 在这儿吃还是打包？
Zài zhèr chī háishi dǎbāo?

宝贝 在这儿吃。
Zài zhèr chī.

服务员 一共五十七块。
Yígòng wǔshíqī kuài.

宝贝 给你钱。
Gěi nǐ qián.

Dialogue ❶ 情景对话 qíngjǐng duìhuà

🎬 식당에서 (在饭店 zài fàndiàn)

 欢迎光临！几位？

服务员

 三个人。

宝贝

 这边请。……请坐！

服务员

 您要点什么？

服务员

 这个要一个，这个要两个，还要三碗饭，
一瓶矿泉水，还有一瓶可乐。

宝贝

 好的。……这些是吗？

服务员

 对。对了，不要放香菜。

宝贝

 服务员，买单。

宝贝

 好的，……一共一百五十九块。

服务员

我要发票。

宝贝

服务员	Welcome! How many are you?	服务员	Ok, you want……. Right?
宝贝	Three.	宝贝	Yes, and please hold the coriander.
服务员	This way, please. ……Have a seat! ……What can I help you?		…… Check, please.
		服务员	Ok, …… it's one hundred fifty nine yuan in total.
宝贝	One of these, two of these, and three rice, with a water and a coke, please.	宝贝	I'd like my receipt.

패스트푸드점에서 (**在快餐店** zài kuàicāndiàn)

欢迎光临！您要点什么？

服务员

宝贝

一号套餐一个，二号套餐两个。

在这儿吃还是打包？

服务员

宝贝

在这儿吃。

一共五十七块。

服务员

宝贝

给你钱。

服务员	Welcome! What would you like to have?
宝贝	One combo number one and two number twos, please.
服务员	For here or to go?
宝贝	For here.
服务员	It's fifty seven yuan in total.
宝贝	Here you are.

25

» 카페에서 주문하기!

① 我要一杯美式咖啡，
Wǒ yào yì bēi měishì kāfēi,
一杯拿铁。
yì bēi nátiě.

② 我要一杯热可可和
Wǒ yào yì bēi rè kěké hé
一杯冰可可。
yì bēi bīng kěké.

③ 我要一杯
Wǒ yào yì bēi
果汁(橙汁)。
guǒzhī (chéngzhī).

④ 咖啡可以续杯吗?
Kāfēi kěyǐ xùbēi ma?

해석

① 아메리카노 한 잔, 카페라떼 한 잔 주세요.

② 핫초코 한 잔과 아이스초코 한 잔 주세요.

③ 과일 주스(오렌지 주스) 한 잔 주세요.

④ 커피 리필 되나요?

第六课

购物
Gòuwù

Shopping
물건 사기

상점이나 시장에서 물건을 살 때 흥정의 표현을 말할 수 있어요.

주요 단어 06-01

번호	단어	병음	한글 뜻	영어 뜻
1	老板	lǎobǎn	사장, 주인	boss, owner
2	能	néng	~할 수 있다	can
3	便宜	piányi	저렴하다	cheap
4	(一)点儿	(yì)diǎnr	조금, 좀	a little, a few
5	吧	ba	권유의 표현	why don't you ~
6	再	zài	더, 다시	again, more
7	不行	bù xíng	안 돼요	no way
8	那(么)	nà(me)	그러면	in that way, then
9	等一下	děng yíxià	잠시만 기다리세요	wait a second

🎬 상점에서 (在商店 zài shāngdiàn)

| 宝贝 | 老板，这个多少钱？ |
| | Lǎobǎn, zhège duōshao qián? |

| 老板 | 十二块。 |
| | Shí'èr kuài. |

| 宝贝 | 那个呢？ |
| | Nàge ne? |

| 老板 | 二十四块。 |
| | Èrshísì kuài. |

| 宝贝 | 能不能便宜点儿？ |
| | Néng bu néng piányi diǎnr? |

| 老板 | 您要几个？ |
| | Nín yào jǐ ge? |

| 宝贝 | 这个要两个。 |
| | Zhège yào liǎng ge. |

| 老板 | 两个二十块吧。 |
| | Liǎng ge èrshí kuài ba. |

宝贝　　再便宜点儿吧。
Zài piányi diǎnr ba.

老板　　不行。
Bù xíng.

宝贝　　好吧，那我不要了。
Hǎo ba, nà wǒ búyào le.

老板　　等一下，那两个十八吧，再不能便宜了。
Děng yíxià, nà liǎng ge shíbā ba, zài bù néng piányi le.

宝贝　　谢谢！
Xièxie!

🎬 상점에서 (**在商店** zài shāngdiàn)

宝贝

老板，这个多少钱？

十二块。

老板

宝贝

那个呢？

二十四块。

老板

宝贝

能不能便宜点儿？

您要几个？

老板

宝贝

这个要两个。

两个二十块吧。

老板

宝贝	How much is it?
老板	Twelve yuan.
宝贝	What about that one?
老板	Twenty four yuan.
宝贝	Can you give me a discount?
老板	How many do you want?
宝贝	I want two of these.
老板	Twenty yuan for two then.

宝贝

再便宜点儿吧。

不行。

老板

宝贝

好吧，那我不要了。

等一下，那两个十八吧，再不能便宜了。

老板

宝贝

谢谢！

宝贝	Please make it cheaper.
老板	Sorry.
宝贝	Fine, maybe next time.
老板	Wait a second, what about two for eighteen yuan?
	It couldn't be cheaper.
宝贝	Thanks!

≫ 환불 요청하기!

① 사장님, 이건 좀 전에 산 건데, 다른 걸로 바꿔 주실 수 있나요?

② 여기에 흠집이 좀 있어요. 다른 걸로 교환해 주세요.

③ 환불해 주실 수 있나요?

④ 영수증 여기 있습니다.

第七课

在酒店
Zài jiǔdiàn

At the hotel
호텔에서

호텔에서 체크인 / 체크아웃할 때 필요한 표현을 말할 수 있어요.

주요 단어 🔊 07-01

번호	단어	병음	한글 뜻	영어 뜻
1	酒店 (= 宾馆 bīnguǎn)	jiǔdiàn	호텔	hotel
2	办理	bànlǐ	처리하다	deal with, go through the procedures
3	入住	rùzhù	체크인하다	check-in
4	预约	yùyuē	예약하다	make a reservation
5	预约单	yùyuēdān	예약증	booking voucher
6	出示	chūshì	제시하다	show
7	护照	hùzhào	여권	passport
8	押金	yājīn	보증금	deposit
9	签名	qiānmíng	서명하다	sign
10	房卡	fángkǎ	방 열쇠 카드	room card
11	退房	tuìfáng	체크아웃하다	check-out
12	收据	shōujù	영수증	receipt
13	寄存	jìcún	맡겨두다	leave, check
14	拿	ná	잡다, 가지다	take, get

📽 체크인할 때 (入住时 rùzhù shí)

宝贝 **你好！我想办理入住。**
Nǐ hǎo! Wǒ xiǎng bànlǐ rùzhù.

前台接待 **您预约了吗？**
Nín yùyuē le ma?

宝贝 **这是预约单。**
Zhè shì yùyuēdān.

前台接待 **请您出示护照。**
Qǐng nín chūshì hùzhào.

宝贝 **给你。**
Gěi nǐ.

(잠시 후)

前台接待 **押金两百块，请在这里签名。**
Yājīn liǎng bǎi kuài, qǐng zài zhèlǐ qiānmíng.

您的房间在十五楼1503号，这是房卡。
Nín de fángjiān zài shíwǔ lóu yāo wǔ líng sān hào, zhè shì fángkǎ.

宝贝 **早餐从几点到几点？**
Zǎocān cóng jǐ diǎn dào jǐ diǎn?

前台接待 **七点到九点，在二楼。**
Qī diǎn dào jiǔ diǎn, zài èr lóu.

宝贝　你好，退房。
Nǐ hǎo, tuìfáng.

前台接待　好的，请给我您的房卡和押金收据。
Hǎo de, qǐng gěi wǒ nín de fángkǎ hé yājīn shōujù.

(잠시 후)

前台接待　这是您的押金两百块。
Zhè shì nín de yājīn liǎng bǎi kuài.

宝贝　可以寄存行李吗？
Kěyǐ jìcún xíngli ma?

前台接待　可以，请在这里签名。
Kěyǐ, qǐng zài zhèlǐ qiānmíng.

拿行李的时候请出示寄存单。
Ná xíngli de shíhou qǐng chūshì jìcúndān.

🎬 체크인할 때 (入住时 rùzhù shí)

宝贝

你好，我想办理入住。

您预约了吗？

前台接待

宝贝

这是预约单。

请您出示护照。

前台接待

宝贝

给你。

押金两百块，请在这里签名。
您的房间在十五楼1503号，这是房卡。

前台接待

宝贝

早餐从几点到几点？

七点到九点，在二楼。

前台接待

宝贝	Hello, I'd like to check-in.
前台接待	Do you have a reservation?
宝贝	Here's my booking voucher.
前台接待	Your passport, please.
宝贝	Here you are.
前台接待	We have two hundred yuan deposit. Please sign here.
	Your room is 1503 on the 15th floor. Here is your room card.
宝贝	What time does the breakfast start?
前台接待	From seven to nine am on the second floor.

체크아웃할 때 (退房时 tuìfáng shí)

宝贝
你好，退房。

好的，请给我您的房卡和押金收据。

前台接待

这是您的押金两百块。

前台接待

宝贝
可以寄存行李吗？

可以，请在这里签名。
拿行李的时候请出示寄存单。

前台接待

宝贝   Hello, check-out please.
前台接待   Ok, please give me your room card and the receipt for the deposit.

前台接待   This is your deposit of two hundred yuan.
宝贝   Can I leave my luggage here?
前台接待   Yes, please sign here.
    Please show me the storage receipt when you take your luggage back.

이럴 땐 이런 표현

객실에 문제가 발생했을 때!

❶ 여기는 1207호입니다.

❷ 화장실 변기가 막혔어요.

❸ 샤워할 때 뜨거운 물이 안 나와요.

❹ 수건 두 개 더 가져다 주세요.

❺ 난방 / 에어컨이 안 되네요.

❻ 이 방에 문제가 좀 있어요. 다른 방으로 바꿀 수 있나요?

打电话

Dǎ diànhuà

Making phone calls
전화 걸기

第八课

학습 목표

전화를 걸어서 식당 예약을 할 수 있어요.

주요 단어 08-01

번호	단어	병음	한글 뜻	영어 뜻
1	避风塘	Bìfēngtáng	비펑탕(음식점 이름)	Bifengtang restaurant
2	您贵姓?	Nín guì xìng?	성함이 어떻게 되세요?	What's your surname?
3	姓	xìng	성	surname
4	留	liú	남겨놓다	leave
5	到达	dàodá	도착하다	arrive
6	可以	kěyǐ	~할 수 있다	can
7	刷卡	shuākǎ	카드 결제	pay by card
8	现金	xiànjīn	현금	cash
9	手机支付	shǒujī zhīfù	휴대전화 결제	mobile pay

🎬 식당에 전화를 걸어서 (给饭店打电话 gěi fàndiàn dǎ diànhuà)

宝贝　喂，你好！
　　　Wéi, nǐ hǎo!

服务员　喂，你好！避风塘。
　　　Wéi, nǐ hǎo! Bìfēngtáng.

宝贝　我想预约。
　　　Wǒ xiǎng yùyuē.

服务员　什么时候？
　　　Shénme shíhou?

宝贝　明天下午五点可以吗？
　　　Míngtiān xiàwǔ wǔ diǎn kěyǐ ma?

服务员　好的，请问几位？
　　　Hǎo de, qǐngwèn jǐ wèi?

宝贝　三个人。
　　　Sān ge rén.

服务员　您贵姓？电话留一下。
　　　Nín guì xìng? Diànhuà liú yíxià.

| 宝贝 | 我姓金，电话是18634567890。 |
| | Wǒ xìng jīn, diànhuà shì yāo bā liù sān sì wǔ liù qī bā jiǔ líng. |

| 服务员 | 好的，已经预约好了。 |
| | Hǎo de, yǐjīng yùyuē hǎo le. |

请您五点十分前到达。
Qǐng nín wǔ diǎn shí fēn qián dàodá.

| 宝贝 | 好的。啊！对了，可以刷卡吗？ |
| | Hǎo de. Ā! Duì le, kěyǐ shuākǎ ma? |

| 服务员 | 现金、刷卡和手机支付都可以。 |
| | Xiànjīn、shuākǎ hé shǒujī zhīfù dōu kěyǐ. |

| 宝贝 | 好的，谢谢。 |
| | Hǎo de, xièxie. |

식당에 전화를 걸어시 (给饭店打电话 gěi fàndiàn dǎ diànhuà)

宝贝

喂，你好！

喂，你好！避风塘。

服务员

宝贝

我想预约。

什么时候？

服务员

宝贝

明天下午五点可以吗？

好的，请问几位？

服务员

宝贝

三个人。

您贵姓？电话留一下。

服务员

宝贝	Hello!
服务员	Hello! Bifengtang restaurant.
宝贝	I'd like to make a reservation.
服务员	When would you like to come in?
宝贝	Would five o'clock tomorrow afternoon be alright?
服务员	Ok, how many of you?
宝贝	Three.
服务员	Can I have your surname and your phone number, please?

宝贝

我姓金，电话是18634567890。

好的，已经预约好了。
请您五点十分前到达。

服务员

宝贝

好的。啊！对了，可以刷卡吗？

现金、刷卡，手机支付都可以。

服务员

宝贝

好的，谢谢。

宝贝	I'm Kim, my phone number is 18634567890.
服务员	Ok, all done.
	Please make sure to arrive before 5:10pm.
宝贝	Sure, can I pay by card?
服务员	Cash, card and mobile pay are all ok.
宝贝	OK, thanks.

≫ 휴대전화를 분실했을 때!

해석

❶ 제 휴대전화를 분실했는데, 저 좀 도와주시겠어요?

❷ 이 휴대전화 번호로 전화 좀 걸어주시겠어요?

❸ 제가 택시에 휴대전화를 놓고 내렸는데, 어떻게 하나요?

❹ 여기 택시 영수증이 있습니다.

❺ 여기 호텔에서 국제전화를 걸 수 있나요?

❻ 한국의 이 전화번호로 걸어야 하는데 좀 도와주시겠어요?

请求帮助

Qǐngqiú bāngzhù

Asking for helps
도움 요청하기

학습 목표

물건을 분실했을 때 경찰에 도움을 요청할 수 있어요.

주요 단어 09-01

번호	단어	병음	한글 뜻	영어 뜻
1	警察	jǐngchá	경찰 / 공안	police officer
2	警察局	jǐngchájú	경찰서 / 공안국	police station
3	丢	diū	잃어버리다	lose
4	稍等	shāo děng	잠시 기다리다	wait a minute
5	报案	bào'àn	신고하다	report a case
6	证明	zhèngmíng	증명서	proof
7	跟	gēn	~와(과)	to, with
8	复印件	fùyìnjiàn	복사본	copy
9	出入境管理局	chūrùjìng guǎnlǐjú	출입국 관리소	the Exit and Entry Administration
10	领事馆	lǐngshìguǎn	영사관	the consulate
11	地址	dìzhǐ	주소	address

🎬 여권을 잃어버리고 경찰서에서
(**丢失护照后到警察局** diūshī hùzhào hòu dào jǐngchájú)

宝贝 你好！我的护照丢了。
Nǐ hǎo! Wǒ de hùzhào diū le.

警察 在哪儿丢的？
Zài nǎr diū de?

宝贝 可能是在出租车上丢的。
Kěnéng shì zài chūzūchē shang diū de.

警察 您有出租车发票吗？
Nín yǒu chūzūchē fāpiào ma?

宝贝 没有。
Méiyǒu.

警察 您住在哪个酒店？
Nín zhùzài nǎge jiǔdiàn?

宝贝 北京大酒店。
Běijīng Dàjiǔdiàn.

警察 请稍等。
Qǐng shāo děng.

(잠시 후)

警察 这是报案证明。跟酒店要您的护照复印件，
Zhè shì bào'àn zhèngmíng. Gēn jiǔdiàn yào nín de hùzhào fùyìnjiàn,

带着复印件去出入境管理局和韩国领事馆就可以了。
dàizhe fùyìnjiàn qù chūrùjìng guǎnlǐjú hé Hánguó lǐngshìguǎn jiù kěyǐ le.

宝贝 出入境管理局和领事馆的地址和电话有吗？
Chūrùjìng guǎnlǐjú hé lǐngshìguǎn de dìzhǐ hé diànhuà yǒu ma?

警察 这是地址和电话。
Zhè shì dìzhǐ hé diànhuà.

宝贝 谢谢。
Xièxie.

Dialogue 情景对话 qíngjǐng duìhuà

🎬 여권을 잃어버리고 경찰서에서
(丢失护照后到警察局 diūshī hùzhào hòu dào jǐngchájú)

宝贝

你好! 我的护照丢了。

在哪儿丢的?

警察

宝贝

可能是在出租车上丢的。

您有出租车发票吗?

警察

宝贝

没有。

您住在哪个酒店?

警察

宝贝

北京大酒店。

请稍等。

警察

宝贝	Hello! I've lost my passport.
警察	Where did you lose it?
宝贝	I think I lost it in a taxi.
警察	Do you have the taxi receipt?
宝贝	No.
警察	Which hotel are you staying in?
宝贝	Beijing Hotel.
警察	Wait a minute, please.

这是报案证明。跟酒店要您的护照复印件，
带着复印件去出入境管理局和韩国领事馆就可以了。

警察

宝贝

出入境管理局和领事馆的地址和电话有吗？

这是地址和电话。

警察

宝贝

谢谢。

警察	This is the report. Ask the hotel for a copy of your passport.
	Just take it to the Exit and Entry Administration and the Korean consulate.
宝贝	Do you have the address and telephone number of the Exit and Entry
	Administration and the consulate?
警察	Here you are.
宝贝	Thanks.

▶▶ 누군가에게 도움을 요청할 때!

해석

❶ 도와주세요! 저 사람이 제 지갑을 훔쳐 갔어요!

❷ 한국어나 영어로 통역 가능한 분 계신가요?

❸ 경찰 좀 불러 주세요!

❹ 구급차 좀 불러 주세요!

❺ 도둑이야! 저 사람 좀 잡아 주세요!

❻ 휴대전화를 잃어버려서 그러는데 휴대전화 좀 사용할 수 있을까요?

원리 한자 부수자 214자 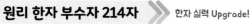 한자 실력 Upgrade!

▶ 上 으로 표시된 한자는 음과 뜻 모두 기억해야 합니다.

▶ 中 으로 표시된 한자는 뜻만 기억해도 됩니다.

▶ 下 로 표시된 한자는 사용 빈도가 비교적 낮은 부수자로, 읽고 구분만 할 수 있으면 됩니다.

▶ 다른 부수자와 함께 쓰일 때 뜻이 달라지는 부수자는 ➡로 표기했으며, 그 뜻도 모두 기억해야 합니다.

  예 八 여덟 팔 ➡ 나누다 [分 나눌 분 = 八(나누다) + 刀(칼 도)): 칼로 나눈다는 의미]

번호	부수자	뜻과 음	빈도	번호	부수자	뜻과 음	빈도
1	一	하나 일	上	20	勹	쌀(= 안을) 포	上
2	丨	뚫을 곤	中	21	匕	비수 비	中
3	丶	점 주	下	22	匚	상자 방	上
4	丿	삐칠 별	下	23	匸	감출 혜	上
5	乙	새 을	上	24	十	열 십 ➡ 여러 번	中
6	亅	갈고리 궐	下	25	卜	점 복	下
7	二	두 이	上	26	卩(㔾)	병부 절 ➡ 무릎 꿇다	上
8	亠	머리 해	中	27	厂	언덕 한 / 굴바위 엄	上
9	人(亻)	사람 인	上	28	厶	사사로울 사	上
10	儿	어진 사람 인	中	29	又	또 우 ➡ 손	上
11	入	들 입	上	30	口	입 구	中
12	八	여덟 팔 ➡ 나누다	上	31	囗	에워쌀 위(= 큰 입 구)	上
13	冂	멀 경	中	32	土	흙 토	上
14	冖	덮을 멱	中	33	士	선비 사	中
15	冫	얼음 빙	上	34	夂	뒤져 올 치 ➡ 발	上
16	几	안석 궤	上	35	夊	천천히 걸을 쇠 ➡ 발	中
17	凵	그릇 감	中	36	夕	저녁 석	上
18	刀(刂)	칼 도	上	37	大	큰 대 ➡ 사람	上
19	力	힘 력	上	38	女	여자 여	上

번호	부수자	뜻과 음	빈도
39	子	아들 자	上
40	宀	집 면	上
41	寸	마디 촌 → 손	上
42	小	작을 소	中
43	尢	절름발이 왕	上
44	尸	주검 시 → 엉덩이	上
45	屮	싹날 철 → 왼손 좌	上
46	山	메/뫼 산	中
47	川(巛)	내 천	上
48	工	장인 공	上
49	己	몸/자기 기	上
50	巾	수건 건	上
51	干	방패 간	上
52	幺	작을 요	上
53	广	집 엄	上
54	廴	길게 걸을 인 → 발	上
55	廾	받들 공 → 두 손	上
56	弋	주살(= 줄 달린 화살) 익	下
57	弓	활 궁	上
58	彐(彑)	돼지 머리 계 → 손	中
59	彡	터럭 삼	中
60	彳	길 척	中
61	心(忄)	마음 심	上
62	戈	창 과	上

번호	부수자	뜻과 음	빈도
63	戶	지게 호 → 집	上
64	手(扌)	손 수	上
65	支	지탱할/가지 지	上
66	攴(攵)	칠 복	上
67	文	글월 문	中
68	斗	말 두	上
69	斤	도끼 근	中
70	方	모/방향 방	上
71	无(旡)	이미 기/없을 무	上
72	日	날/해 일	上
73	曰	말할 왈	上
74	月	달 월	上
75	木	나무 목	上
76	欠	하품 흠	上
77	止	그칠 지	上
78	歹	뼈 앙상할 알	上
79	殳	칠/몽둥이 수	上
80	毋	말 무	上
81	比	견줄 비	上
82	毛	털 모	上
83	氏	성씨 씨	中
84	气	기운 기	中
85	水(氵)	물 수	上
86	火(灬)	불 화	上

번호	부수자	뜻과 음	빈도	번호	부수자	뜻과 음	빈도
87	爪(爫)	손톱 조 → 손	上	111	矢	화살 시	上
88	父	아비 부	上	112	石	돌 석	上
89	爻	사귈 효 → 산나무가지	下	113	示(礻)	보일 시 → 제사	中
90	爿	조각/장수 장	上	114	内	짐승 발자국 유	下
91	片	조각 편	中	115	禾	벼 화	上
92	牙	어금니 아	上	116	穴	구멍 혈	上
93	牛(牜)	소 우	上	117	立	설 립	上
94	犬(犭)	개 견 → 짐승	中	118	竹	대 죽	上
95	玄	검을 현	中	119	米	쌀 미	上
96	玉(王)	구슬 옥	上	120	糸	실 사	上
97	瓜	오이 과	上	121	缶	장군 부	下
98	瓦	기와 와	上	122	网(罒)	그물 망	上
99	甘	달 감	上	123	羊	양 양	上
100	生	날 생	上	124	羽	깃 우	上
101	用	쓸 용	中	125	老(耂)	늙을 로	上
102	田	밭 전	上	126	而	말 이을/수염 이	中
103	疋	발 소/필 필	下	127	耒	쟁기 뢰	下
104	疒	병들 녁	中	128	耳	귀 이	上
105	癶	걸을 발	上	129	聿	붓 율	上
106	白	흰 백	上	130	肉(月)	고기 육	上
107	皮	가죽 피	中	131	臣	신하 신	上
108	皿	그릇 명	上	132	自	스스로 자 → 코	中
109	目	눈 목	上	133	至	이를 지	中
110	矛	창 모	上	134	臼	절구 구 → 양손	上

번호	부수자	뜻과 음	빈도
135	舌	혀 설	上
136	舛	어긋날 천	上
137	舟	배 주	上
138	艮	그칠 간	上
139	色	빛 색	上
140	艸(艹)	풀 초	上
141	虍	호피 무늬 호	上
142	虫	벌레 충	中
143	血	피 혈	上
144	行	다닐 행	上
145	衣(衤)	옷 의	中
146	襾	덮을 아	上
147	見	볼 견	上
148	角	뿔 각	上
149	言	말씀 언	上
150	谷	골짜기 곡	中
151	豆	콩 두 → 제기 그릇	中
152	豕	돼지 시	上
153	豸	벌레 치/해태 태	下
154	貝	조개 패 → 돈	上
155	赤	붉을 적	上
156	走	달릴 주	上
157	足	발 족	上
158	身	몸 신	上

번호	부수자	뜻과 음	빈도
159	車	수레 차/거	中
160	辛	매울 신	上
161	辰	별 신/진	中
162	辵(辶)	쉬엄쉬엄 갈 착	上
163	邑(阝)	고을 읍	上
164	酉	술 유 → 닭	中
165	釆	분별할 변	上
166	里	마을 리	上
167	金	쇠 금/성씨 김	中
168	長	길/어른 장	上
169	門	문 문	上
170	阜(阝)	언덕 부	上
171	隶	잡을/미칠 이	上
172	隹	새 추	上
173	雨	비 우	中
174	靑	무를 청	中
175	非	아닐 비	上
176	面	낯/얼굴 면	上
177	革	가죽 혁	下
178	韋	가죽 위 → 에워싸다	上
179	韭	부추 구	下
180	音	소리 음	上
181	頁	머리 혈	上
182	風	바람 풍	上

번호	부수자	뜻과 음	빈도	번호	부수자	뜻과 음	빈도
183	飛	날 비	上	199	麥	보리 맥	上
184	食(飠)	밥 식	上	200	麻	삼 마	上
185	首	머리 수	上	201	黃	누를 황	上
186	香	향기 향	中	202	黍	기장 서	下
187	馬	말 마	上	203	黑	검을 흑	上
188	骨	뼈 골	上	204	黹	바늘질할 치	下
189	高	높을 고	上	205	黽	맹꽁이 맹	下
190	髟	긴 머리/터럭 표	下	206	鼎	솥 정	下
191	鬥	싸울 투	下	207	鼓	북 고	上
192	鬯	활집 창	下	208	鼠	쥐 서	下
193	鬲	솥 력	下	209	鼻	코 비	上
194	鬼	귀신 귀	上	210	齊	가지런할 제	中
195	魚	물고기 어	上	211	齒	이 치	中
196	鳥	새 조	上	212	龍	용 룡	下
197	鹵	소금 밭/짠 땅 로	下	213	龠	피리 약	下
198	鹿	사슴 록	上	214	龜	거북 구, 귀/갈라질 균	下

멀티 중국어

포켓북

Since1977

 시사 Dream,
Education can make dreams come true.

Designed by SISA Books